칭찬의 온도

사람을 움직이고 마음을 여는 따뜻한 대화의 기술

칭찬의 온도

초판 1쇄 인쇄일 2026년 1월 5일
초판 1쇄 발행일 2026년 1월 15일

지은이 안석재
펴낸이 양옥매
디자인 표지혜 송다희
마케팅 송용호
교   정 조준경

펴낸곳 도서출판 책과나무
출판등록 제2012-000376
주소 서울특별시 마포구 방울내로 79 이노빌딩 302호
대표전화 02.372.1537   팩스 02.372.1538
이메일 booknamu2007@naver.com
홈페이지 www.booknamu.com
ISBN 979-11-6752-721-9 (03320)

칭찬의 온도

사람을 움직이고 마음을 여는

따뜻한 대화의 기술

안석재 지음

더 따뜻한 세계를 만드는
작은 변화의 시작

김경일 아주대학교 사회심리학과 교수

『칭찬의 힘』, 『칭찬은 고래도 춤추게 한다』와 같은 여러 베스트셀러만 보아도 칭찬의 긍정적 영향력은 오래전부터 강조되어 왔다. 그러나 아무리 좋은 약도 잘못 쓰면 독이 되듯, 칭찬도 바르게 사용되지 않으면 오히려 관계를 해치고 마음에 상처를 남길 수 있다. 이 점에서 칭찬은 단순한 기술이나 말의 선택이 아니라, 사람을 바라보는 관점과 태도에서 비롯되어야 한다.

따라서 '좋은 칭찬'을 분별하고 행하는 일은 무엇보다 중요하다. 좋은 칭찬이 있다는 말은 곧 '나쁜 칭찬'도 존재한다는 뜻이기 때문이다. 그저 좋은 말과 찬사를 늘어놓는 것이 칭찬은 아니며, 말의 온도와 맥락, 그리고 말하는 이의 진심이 어긋난 칭찬은 상대에게 부담이 되거나 관계의 균형을 깨뜨릴 수 있다.

반대로, 좋은 칭찬은 우리가 살아갈 힘과 이유를 부여하고, 관계를 더욱 가깝고 깊게 만든다. 삶이 좌절과 실망에 빠졌을 때 다시 일어설 수 있는 회복탄력성을 키우며, 마음의 회로를 움직이고 관계를 회복시키는 인문학적 행위이기도 하다.

그렇다면 좋은 칭찬이란 무엇인가? 그 답을 따뜻한 언어와 실제 경험을 통해 친절하게 들려주는 책을 만났다. 좋은 칭찬을 오랫동안 탐구하고 실천해 온 사람만이 써낼 수 있는 귀한 책이다. 이 책이 많은 독자들에게 자신의 말과 관계를 돌아보고 더 따뜻한 세계를 만들어 가는 작은 변화를 선물하길 바란다.

상처 주는 말 대신
칭찬을 선택했습니다

저는 지금까지 학교생활, 직장 생활, 그리고 비즈니스 현장을 지나오며 수많은 사람들과 관계를 맺고 살아왔습니다. 그 과정에서 단 한 번의 말, 단 한순간의 비판, 때로는 의도치 않은 인격적인 모독이 한 조직을 무너뜨리는 장면을 여러 차례 목격해 왔습니다.

처음엔 그것이 단순한 말실수라고 생각했습니다. 누구나 감정이 있고, 때로는 불만을 표현할 수도 있다고 여겼기 때문입니다. 하지만 시간이 흐르면서 깨닫게 되었습니다. 말은 단순한 전달 수단이 아니라, 사람과 사람 사이의 신뢰를 만들고, 조직을 지탱하는 가장 중요한 연결 고리라는 사실을요.

학교에서도 마찬가지였습니다. 선생님의 질책 한마디에 의욕을 잃고 고개 숙이던 친구, 동아리 내에서 날 선 비난으로 인해 활동이 멈춰 버린 경험, 무심코 던진 한마디가 서로의 마음에 상처로 남아 신뢰에 금이 가는 모습을 저는 가까이에서 보았습니다.

직장에서는 더욱 뚜렷했습니다. 성격도, 성장 배경도 다른 사람들이 모여 일하는 곳이기에 말의 무게는 훨씬 더 컸습니다. 팀장이 감정을 담아 직원을 공개적으로 비난한 날, 그 부서의 분위기는 얼어붙었고, 실적은 곧 하락했습니다. 인정받지 못한 수고, 반복되는 지적, 무례한 표현들로 인해 퇴사를 결심한 동료들을 보며, 저는 말의 파괴력을 실감했습니다.

비즈니스 현장에서도 예외는 아니었습니다. 특히 인간관계와 신뢰가 가장 중요한 조직에서는 말 한마디가 성공과 실패를 가르는 분기점이 되기도 했습니다. 따뜻하게 실수를 감싸 주던 리더가 이끄는 조직은 시간이 지날수록 끈끈해졌고, 구성원들의 성과도 자연스럽게 따라왔습니다. 반면 지적과 비난이 잦은 팀은 점점 해체되었고, 성과도 기대에 미치지 못했습니다.

그때부터 저는 칭찬이라는 주제에 깊은 관심을 갖게 되었습니다.

칭찬은 단지 상대의 기분을 좋게 만들기 위한 말이 아닙니다. 그 사람의 가능성을 발견하고, 더 나아가도록 도와주는 언어이며, 관계를 회복시키고 조직을 따뜻하게 변화시키는 힘 있는 기술입니다. 누군가를 진심으로 칭찬할 때, 그 사람의 얼굴이 환해지고, 분위기가 부드러워지며, 대화의 물꼬가 다시 트이는 장면을 저는 수없이 경험했습니다.

그 후로 저는 말이라는 도구에 대해 더 깊이 탐구하기 시작했습니다. 공감소통, 웃음치료, 리더십, 상담, 교육마술 등 다양한 자격과정을 수료하며 말의 힘을 실천적으로 배워 갔고, 그 배움을 바탕으로 강의와 유튜브, 블로그를 통해 많은 사람들과 따뜻한 소통을 이어 가고 있습니다.

무엇보다도 감동적이었던 경험은 자녀와의 관계에서였습니다. 말투를 바꾸고, 작은 변화에 진심을 담아 칭찬했을 때, 아이의 눈빛과 행동이 달라졌습니다. 비난보다는 칭찬을, 비교보다는 인정을 선택했을 때 가정의 공기가 달라지고, 신뢰와 존중이 자라나는 것을 직접 체감했습니다. 그때 저는 확신했습니다. 칭찬은 단지 말의 기술을 넘어, 사람을 변화시키고 관계를 성장시키는 삶의 기술이라는 것을요.

그래서 저는 이 책을 쓰게 되었습니다. 이 책은 제가 경험하고 느끼고, 배워 온 말의 힘, 그중에서도 칭찬이 가진 치유와 성장의 에너지를 기록한 진심의 결과물입니다. 말 한마디가 누군가의 하루를 바꾸고, 그 말이 다시 조직을 일으키는 원동력이 되는 현장을 여러분도 경험하게 되시길 바랍니다.

우리는 종종 너무 쉽게 말로 상처를 주지만, 그 상처를 회복하기 위해서는 오랜 시간과 노력이 필요합니다. 반면 칭찬은 단 몇 마디의 진심 어린 말로 누군가의 자존감을 회복시키고, 동기와 용기를 심어 주는 빠르고도 강력한 도구입니다.

칭찬은 단순한 말이 아닙니다. 그것은 누군가를 움직이고, 함께 성장하게 하는 따뜻한 기술입니다.

이 책이 여러분께 더 나은 말의 시작점이 되고, 관계를 회복하는 열쇠가 되며, 여러분의 가정과 일터, 공동체에 새로운 바람을 불어넣을 수 있기를 소망합니다. 저 역시 오늘도 칭찬을 선택하며, 함께 성장하는 길을 걷고 있습니다.

목차

1부

" .... "

서로를 위한
소중한 선물, 칭찬

① 조용하지만 강한 힘,
칭찬의 의미

"진심 어린 칭찬은 누구에게나 귀중한 선물이다."

– 데일 카네기

칭찬, 삶을 움직이는 작은 기적

칭찬이란 단순히 "잘했어", "멋지다"는 말 한마디에 머무르는 것이 아닙니다. 그것은 사람의 존재를 알아보고, 그 안의 가능성과 성장을 믿는 마음에서 비롯된 긍정의 언어입니다. 칭찬은 누군가의 노력과 의도를 세심하게 바라보는 눈길이며, 그 가치를 소중히 여기는 마음의 표현입니다.

진심 어린 칭찬 한마디는 마음속 깊은 곳을 두드려, 자신이 의미 있는 존재라는 확신을 심어 줍니다. 그래서 칭찬은 단순한 격려를 넘어 사람의 자존감을 회복시키고, 멈춰 있던 발걸음을 다시 움직이게 하는 힘이 됩니다. 때로는 말보다 더 큰 위로가 되고, 침묵 속에서도 울림을 주는 따뜻한 손길이 되기도 합니다.

물론 1차적으로 보면 칭찬은 상대방을 변화시키는 말이 아니라, 그 사람의 '좋은 면'을 발견해 주는 말입니다. 그 발견은 때로 스스로 보지 못한 내면의 빛을 비추어 주며, "나도 괜찮은 사람이구나!"라는 자기 확신으로 이어집니다.

그러므로 진정한 칭찬은 말 기술을 넘어서 태도가 되어야 합니다. 기술이긴 하되 영혼이 담긴, 진심이 담긴 기술이어야 합니다. 즉 말의 화려함보다 그 안에 담긴 관심, 존중, 공감이 더 중요합니다. 그것은 인간 대 인간 사이의 신뢰와 연결을 만들어 내는, 가장 깊고 섬세한 소통의 형태가 됩니다.

결국 칭찬이란, 형식을 빌려서 사람의 마음에 가 닿는 따뜻한 인정의 언어입니다. 누군가를 북돋아 주고, 함께 살아가는 세상을 조금 더 부드럽고 단단하게 만들어 주는, 조용하지만 강한 힘입니다.

칭찬의 가치와 중요성

칭찬의 중요성은 단순히 기분 좋은 말을 건네는 차원을 넘어섭니다. 우리는 왜 칭찬에 본능적으로 반응하게 될까요? 이는 인간이 사회적 존재이기 때문입니다. 사람은 타인과의 관계 속에서 존재의 의미를 찾고, 자신이 소속된 공동체 안에서 인정받을 때 가장 큰 동기를 부여받습니다. 칭찬은 바로 그 인정의 표현이며, 소속감과 자존감을 증진시키는 핵심적인 촉매제입니다.

칭찬을 들었을 때 사람의 뇌에서는 도파민이 분비됩니다. 도파민은 쾌락과 동기와 관련된 신경전달물질로, 칭찬을 받음으로써 기쁨을 느끼고, 그 감정을 다시 경험하고자 긍정적인 행동을 반복하게 됩니다. 행동심리학에서도 긍정적 강화를 통해 특정 행동을 지속시키는 것이 핵심 원리로 작동합니다.

"이번 발표 덕분에 회의 분위기가 한층 활기차졌어요! 다음에도 기대되는걸요."

이런 말 한마디를 해 준다면 그 사람은 다음 발표에서도 칭찬해 준 사람의 기대에 부응하려고 할 겁니다.

● 칭찬은 자존감을 북돋아 준다

이러한 칭찬은 상대방의 자존감을 북돋아 줍니다. 자신이 누군가에게 의미 있는 존재라고 느끼는 순간, 사람은 자신을 보다 가치 있는 존재로 인식하게 됩니다. 직장이나 가정, 학교 등 어떤 환경에서든 사람은 자신의 노력과 성과가 정당하게 인정받기를 원합니다. 예를 들어, 반복되는 업무 속에서도 실수를 줄이기 위해 애쓴 직원에게 "요즘 실수가 확 줄었더라고요. 신경 쓰신 흔적이 보입니다."라고 말하는 것은 그 직원의 노고를 인정한다는 점에서 매우 효과적인 피드백이 됩니다.

● 칭찬은 목표 지향적인 행동을 촉진한다

또한 칭찬은 목표 지향적인 행동을 촉진해 줍니다. 특히 구체적인 칭찬은 자신의 방향이 옳았다는 확신을 주고, 다음 행동의 방향성을 잡는 나침반 역할을 합니다. 아이가 그림을 그렸을 때 단순히 "잘했어."라고 말하는 것보다, "이 색을 선택한 부분이 참 인상 깊어. 매우 독창적인 표현이야."라고 말하는 것이 더 깊은 동기를 부여하게 됩니다. 아이는 자신의 표현 방식이 의미 있다는 것을 느끼며, 다음에도 창의적인 시도를 할 가능성이 커집니다.

● 칭찬은 창의성과 문제 해결 능력을 키워 준다

칭찬은 창의성과 문제 해결 능력을 키우는 데에도 기여합니다. 칭찬은 심리적 안정감을 주며, 실패에 대한 두려움을 줄여 주고, 새로운 시도를 할 수 있는 용기를 북돋아 줍니다. "방금 좋은 질문을 해 준 덕분에 수업 분위기가 확 바뀌었어요."라는 피드백은 학생에게 자신감을 심어 주고, 더욱 적극적인 참여를 유도합니다.

● 칭찬은 팀워크를 향상시킨다

팀워크와 협력의 측면에서도 칭찬은 결정적인 역할을 합니다. 특히 집단 내에서는 구성원 간의 상호 인정이 관계의 깊이를 결정짓습니다. 리더가 팀원에게 "이번 미팅에서 요약하신 내용이 핵심을 잘 짚으셨어요."라고 말한다면, 해당 팀원은 자신이 팀에 기여하고 있다는 자부심을 느끼며 조직에 대한 몰입도 역시 높아지게 됩니다.

● 칭찬은 신뢰 관계를 강화한다

사회적 관계에서도 칭찬은 신뢰를 형성하고 유대를 강화하는 기반이 됩니다. 칭찬은 관계 속에서 긍정적인 기대를 만들어 내며, 그 기대는 상대방을 더 나은 방향으로 성장하게 만드는 원동력이 됩니다. "요즘 함께 일하는 게 즐거워졌어요. 선생님 덕분에 팀 분위기가 많이 좋아졌어요."라는 말은 단순한 칭찬을 넘어, 관계의 온도를 높이는 따뜻한 메시지가 됩니다.

이처럼 칭찬은 감정을 넘어 인간의 심리, 행동, 관계 전반에 영향을 미치는 중요한 행위입니다. 짧은 말 한마디나 작은 미소가 누군가에게는 인생의 방향을 바꾸는 전환점이 되기도 하며, 조직 전체에는 긍정의 에너지를 확산시키는 파장이 될 수 있습니다. 칭찬을 아끼지 않는 분위기에서는 늘 변화가 일어납니다.

마음을 깨우는 칭찬의 힘

우리는 누구나 마음속에 깊은 샘과 같은 가능성을 가지고 살아갑니다. 하지만 그 샘은 저절로 터져 나오지 않습니다. 누군가의 관심, 따뜻한 말, 진심 어린 인정이 있어야 비로소 그 샘물이 흐르기 시작합니다. 칭찬은 그중에서도 가장 힘 있고, 가장 순수한 자극입니다. 단순한 말 한마디 같지만, 칭찬은 사람의 마음을 깨우고 잠든 가능성을 깨뜨려 세상 밖으로 나오게 합니다.

사람은 누구나 인정받고 싶어 합니다. 아무리 강해 보이는 사람도 내면에는 "나는 괜찮은 사람일까?"라는 작은 의문을 품고 살아갑니다. 그런 마음에 "너는 소중하다.", "너는 잘하고 있다."라는 말이 전해질 때, 그 의문은 확신으로 바뀝니다. 칭찬은 사람의 마음에 "나는 의미 있는 존재다."라는 메시지를 새겨 줍니다. 그 메시지가 곧 자존감의 기초가 됩니다.

자존감이 높은 사람은 실패에도 쉽게 무너지지 않습니다. 왜냐하면 그들은 자신이 가진 가치를 알고 있기 때문입니다. 칭찬은 이렇게 보이지 않는 마음의 기둥을 세워 줍니다. 그리고 그 기둥은 무너지고 싶을 때조차도 다시 일어나게 하는 힘이 됩니다.

인간은 누구나 힘들 때가 있습니다. 목표를 세우고 시작했지만, 중간에 지치고 포기하고 싶어질 때가 찾아옵니다. 바로 그 순간, 칭찬은 방향을 잃은 사람에게 다시 길을 보여 주는 등불이 됩니다.

"네가 노력하는 모습이 참 좋아."
"조금씩 나아지고 있어. 멈추지 말고 가 보자."

이런 말은 단순히 기분을 좋게 하는 차원을 넘어, 행동을 멈추려던 마음을 붙잡아 줍니다. 그래서 칭찬은 단순한 격려가 아니라, 실제로 행동을 지속하게 만드는 에너지입니다. 많은 심리학 연구에서도 칭찬을 받은 집단이 더 오래, 더 열정적으로 과제를 수행한다는 결과가 보고되었습니다. 그만큼 칭찬은 행동을 이어 가게 하는 중요한 자극입니다.

보상이나 조건 때문에 하는 일은 오래가지 못합니다. 그러나 마음속에서 스스로 하고 싶다는 동기가 생기면, 사람은 기꺼이 오랫동안 몰입할 수 있습니다. 칭찬은 바로 그 내적 동기를 일깨우는 힘을 가지고 있습니다.

"너의 꾸준함이 정말 대단하다."

이 말은 단순히 성과를 확인하는 것이 아니라, 과정 자체를 존중해 줍니다. 이런 경험은 "나는 의미 있는 노력을 하고 있다."라는 자기 확신을 줍니다. 그 확신은 스스로의 노력을 더욱 가치 있게 여기도록 만들고, 결국 자발적으로 더 큰 성취를 이루고 싶다는 동기를 자극합니다.

내적 동기가 살아난 사람은 외부의 보상이 사라져도 계속해서 앞으로 나아갑니다. 왜냐하면 그들은 이미 자신 안에서 이유와 의미를 찾았기 때문입니다. 칭찬은 이처럼 보이지 않는 내적 불씨를 살려 내는 촉매제입니다.

칭찬은 단발적인 효과에 그치지 않습니다. 칭찬을 받은 사람은 자신이 성장하고 있음을 체감합니다. 그 체감은 자신감을 주고, 자신감은 더 큰 도전으로 이어집니다. 그 도전은 새로운 성과를 낳고, 성과는 또 다른 칭찬을 불러옵니다.

이 과정은 긍정적 순환 고리를 만들어 냅니다. 칭찬이 씨앗이라면, 노력은 물이고, 성취는 열매입니다. 작은 칭찬 하나가 뿌려지면, 그것이 자라나 점점 더 큰 변화를 일으킵니다. 이렇게 칭찬은 개인의 성장뿐 아니라 공동체 전체를 건강하게 만들기도 합니다. 칭찬하는 문화가 있는 집단은 서로의 가능성을 북돋우며, 집단의 성과 또한 자연스럽게 올라갑니다.

궁극적으로 칭찬은 희망을 전하는 일입니다. 칭찬을 들을 때 사람은 자신이 잘하고 있다는 사실뿐 아니라, 앞으로 더 잘할 수 있다는 가능성을 느낍니다. "너는 할 수 있어."라는 말이 단순한 추측에 그치지 않고, 실제로 행동과 성취로 이어지는 이유는 바로 이 희망 때문입니다.

누군가에게 건네는 작은 칭찬이, 그 사람에게는 인생을 바꾸는 전환점이 되기도 합니다. 오늘은 무심코 지나쳤던 옆 사람에게 진심 어린 칭찬 한마디를 건네 보세요. 그 말이 상대방의 하루를 밝히고, 더 큰 내일을 향한 발걸음을 힘 있게 만들어 줄 수 있습니다.

칭찬이 이끈 마라톤 도전의 길

제 버킷리스트에는 '마라톤 도전'이 있었습니다. 그러나 막상 도전하려니 마음 한쪽에서는 두려움이 밀려왔습니다. 그러던 중, 우연한 기회에 국제 마라톤에 참여하는 한 분을 만나게 되었습니다. 제가 "저도 마라톤을 해 보고 싶습니다."라고 말했을 때, 그분은 흔쾌히 제 페이스 메이커가 되어 주겠다고 했습니다.

그렇게 마라톤은 시작되었습니다. 하지만 2km 지점에서 숨은 가빠지고 다리는 무겁게 느껴졌습니다. '여기서 그만둘까?' 하는 마음이 올라올 때마다, 제 옆에 있던 그분은 따뜻한 칭찬을 건네주었습니다.

> "너무 잘하고 계세요. 저도 처음엔 많이 힘들었지만, 지금은 국제 마라톤까지 달리고 있잖아요."

그 말 속에는 경험에서 우러난 진심이 담겨 있었습니다. 그리고 그 진심 어린 칭찬은 제 안의 작은 불씨에 불을 붙였습니다.

첫날, 저는 힘겹게 3km를 완주했습니다. 그분은 "처음인데도 3km를 뛰어 내셨다니 대단하세요!"라며 격려했습니다. 다음 회차에서 5km까지 한 번도 쉬지 않고 달렸을 때, 또다시 "정말 놀라워요. 분명 목표까지 달성하실 수 있어요!"라고 칭찬을 아끼지 않았습니다.

그 칭찬들이 모여 저를 이끌었습니다. 포기하고 싶은 순간마다, 그분의 말은 마치 보이지 않는 손처럼 저를 붙잡아 주었고, 제 안에서 '나는 할 수 있다'는 믿음을 키워 주었습니다.

칭찬은 단순한 말이 아닙니다. 칭찬은 사람 안에 숨어 있는 가능성을 깨우고, 잠든 열정을 다시 일으켜 세우는 힘을 가지고 있습니다. 누군가 "잘하고 있다."라는 한마디를 해 줄 때, 우리는 주저앉고 싶던 자리에서 다시 일어날 용기를 얻게 됩니다.

저는 오늘도 그 칭찬 덕분에 조금 더, 조금 더 앞으로 나아가고 있습니다. 그리고 깨닫습니다. "사람은 칭찬을 먹고 자라는 존재"라는 것을 말입니다.

따뜻한 마음 한 줌, 당신께 드리는 작은 칭찬

당신이 이 책을 펼친 순간,
저는 당신의 따뜻한 마음을 느낄 수 있었습니다.

세상을 더 좋게 만들고 싶은 사람만이
'칭찬'이라는 아름다운 언어에 귀 기울입니다.

삶의 바쁨 속에서도 멈춰 서서,
누군가를 따뜻하게 바라보려는 그 시도 자체가
이미 당신이 얼마나 귀한 사람인지를 말해 줍니다.

당신의 시선 하나, 미소 하나, 말 한마디가
누군가의 하루를 반짝이게 할 수 있다는 걸 잊지 마세요.
당신이 가진 그 부드러운 힘이
이 세상을 조금씩 더 아름답게 물들이고 있습니다.

오늘도 이렇게 소중한 걸음을 내디뎌 주셔서,
당신을 진심으로 칭찬합니다.

② 심리학으로 보는 칭찬의 효과

"칭찬받을 만한 일을 하고 싶다면,
먼저 남을 칭찬하는 법을 배워라."

– 요한 볼프강 폰 괴테

칭찬은 단순히 상대방을 기분 좋게 만드는 말로 그치지 않습니다. 심리학적으로 볼 때 칭찬은 사람의 자기 인식, 감정, 행동, 그리고 사회적 관계 전반에 걸쳐 깊고도 지속적인 영향을 미치는 정서적 자극입니다. 심리학자들은 칭찬이 단순한 언어적 표현이 아니라 행동을 강화하고, 잠재력을 이끌어 내며, 내적 동기를 자극하는 심리적 촉매제임을 다양한 연구와 실험을 통해 밝혀 왔습니다. 이제 심리학의 관점에서 칭찬의 효과를 살펴보고자 합니다.

칭찬은 무엇보다 자기 존중감(self-esteem)을 높이는 데 중요한 역할을 합니다. 누군가에게서 인정받는 경험은 자신의 가치를 새롭게 확인하는 계기가 되며, 그 경험은 곧 "나는 괜찮은 사람이야.",

"내가 하는 일이 의미 있어."라는 내면의 긍정적 확신으로 이어집니다. 이러한 자기 긍정은 일회성의 기쁨을 넘어, 삶을 대하는 태도 자체를 변화시킵니다. 즉, 자기 존중감의 증가는 우리가 일상 속 도전에 능동적으로 대응하고, 더 나은 결과를 만들어 가는 원동력이 됩니다.

더불어 칭찬은 자기 효능감(self-efficacy)의 향상에도 직접적인 영향을 미칩니다. 자기 효능감이란 "나는 어떤 일을 해낼 수 있다."는 믿음이며, 이 믿음은 개인의 행동 지속성과 시도 의지에 결정적인 영향을 줍니다.

자기 존중감과 자기 효능감: 확신을 심어 주는 심리적인 경험

예를 들어 누군가에게 "이번 발표, 정말 전문성과 자신감이 느껴졌어요."라는 칭찬을 듣는다면, 그 사람은 단지 발표 하나를 잘한 것을 넘어서, 다음에도 비슷한 상황에서 능동적으로 나설 용기를 갖게 됩니다. 이는 '결과에 대한 칭찬'이 아니라 '역량에 대한 확신'을 심어 주는 매우 심리적인 경험이 됩니다.

보상 이론, 강화 이론, 학습 이론:
행동을 지속시키는 칭찬의 힘

심리학에서 설명하는 보상 이론(Reward Theory)과 강화 이론 (Reinforcement Theory)은 이러한 칭찬의 효과를 체계적으로 설명해 줍니다. 보상 이론에 따르면 사람은 어떤 행동 후에 긍정적인 결과를 얻게 되면, 그 행동을 다시 반복하려는 경향이 있습니다. 칭찬은 바로 긍정적 결과의 대표적인 형태입니다.

학습 이론에서도 마찬가지입니다. 칭찬은 하나의 강화 자극이 되어, 특정 행동을 계속 이어 가도록 유도합니다. 즉 "이 방향이 맞습니다.", "이렇게 하시면 좋습니다."라는 무언의 안내 역할을 하게 되는 것입니다. 그래서 칭찬은 행동의 방향성을 제시해 주는 심리적 이정표로 볼 수 있습니다.

캐롤 드웩 교수의 실험:
성장 마인드셋을 여는 문

칭찬은 단순히 상대방의 기분을 좋게 만드는 말이 아닙니다. 어떤 방식으로 칭찬하느냐에 따라, 사람의 태도와 동기, 심지어는 학습 능력까지 달라질 수 있습니다. 스탠퍼드대학교의 심리학자 캐롤 드웩(Carol Dweck) 교수는 이 사실을 명확히 보여 주는 실험을 진행했습니다.

드웩 교수는 뉴욕시의 초등학교 5학년 학생 400명을 대상으로 흥미로운 연구를 설계했습니다. 먼저 아이들에게 비교적 쉬운 지능 검사를 보게 하고, 그 결과에 대해 두 가지 방식으로 칭찬했습니다. 한 그룹은 "넌 머리가 참 좋구나."라는 말을 들었습니다. 타고난 지능과 재능을 칭찬받은 것입니다. 다른 그룹은 "정말 열심히 했구나."라는 말을 들었습니다. 그들의 노력과 과정이 칭찬받은 것이지요.

처음에는 두 그룹 모두 기분이 좋아 보였습니다. 하지만 다음 단계에서 차이가 뚜렷하게 드러났습니다. 연구팀은 이번에는 훨씬 더 어렵고 도전적인 문제를 내주었습니다. 그 결과, 지능을 칭찬받은 아이들은 시험을 풀다 금세 지쳐 버리고 포기하는 경우가 많았습니다. 마치 이번 실패가 "나는 머리 좋은 사람이 아니다."라는 낙인을 찍는 듯 느껴졌기 때문입니다. 반대로 노력을 칭찬받은 아이들은 끝까지 문제를 풀어 보려 애썼습니다. 오히려 새로운 방법을 시도하며 도전하려는 적극적인 태도를 보였습니다.

마지막으로 연구팀은 다시 처음과 비슷한 난이도의 시험을 치르게 했습니다. 이때 성적은 놀라울 만큼 극명하게 갈렸습니다. 지능을 칭찬받은 아이들은 첫 번째 시험보다 점수가 평균 20%나 떨어졌습니다. 실패 경험이 그들의 자신감을 꺾어 버린 것입니다. 반대로 노력을 칭찬받은 아이들은 첫 시험보다 성적이 무려 30% 이상 올랐습니다. 실패가 좌절이 아니라 성장의 기회로 작용한 것이지요.

이 실험은 칭찬이 단순한 격려 이상의 힘을 가지고 있음을 잘 보여 줍니다. 재능을 칭찬하면 고정된 마인드셋을 만들고, 실패를 두려움으로 경험하게 됩니다. 하지만 노력을 칭찬하면 성장 마인드셋이 형성되고, 실패조차 학습의 과정으로 받아들이게 됩니다. 결국 어떤 방식의 칭찬을 선택하느냐가 그 사람의 장기적인 성장 궤도를 결정짓는다는 사실입니다.

따라서 칭찬의 효과에 대한 이론적 근거는 분명합니다. 잘못된 칭찬은 동기를 꺾고 성장을 가로막지만, 올바른 칭찬은 새로운 도전을 이끄는 힘이 됩니다. 우리가 아이에게, 또 동료에게 건네는 짧은 한마디가 그들의 미래를 바꿀 수도 있다는 점에서, 칭찬은 결코 가볍게 여길 수 없는 심리적 도구입니다.

피그말리온 효과:
기대가 현실을 만든다

사람은 칭찬을 받으면 기분이 좋아집니다. 그러나 칭찬의 힘은 단순히 기분을 넘어섭니다. 그것은 사람의 행동을 바꾸고, 잠재력을 끌어내며, 더 큰 성취로 이끄는 놀라운 효과를 만들어 냅니다. 심리학에서는 이러한 현상을 피그말리온 효과라고 부릅니다.

1968년, 심리학자 로젠탈과 제이콥슨은 한 초등학교에서 흥미로운 실험을 진행했습니다. 그들은 무작위로 몇몇 학생을 뽑아 교사들에게 이렇게 말했습니다.

"이 아이들은 앞으로 성적이 크게 향상될 아이들입니다."

실제로는 아무런 기준도 없는 무작위 선택이었지만, 교사들은 그 말을 믿었습니다. 그리고 1년 뒤, 놀라운 변화가 일어났습니다. '앞으로 잘할 것'이라는 기대를 받은 아이들이 실제로 더 높은 성적을 얻고 적극적인 태도를 보이게 된 것입니다.

왜 이런 결과가 나타났을까요? 교사가 기대를 품고 아이를 바라보면, 그 기대는 자연스럽게 언어와 행동 속에 스며듭니다. "넌 잘할 수 있어."라는 격려, 더 많은 기회, 세심한 관심이 아이에게 전달됩니다. 아이는 자신을 향한 긍정적인 눈빛을 느끼고, 그 믿음을 내면화하며 실제로 더 노력하게 됩니다. 결국 기대가 현실을 만들어 낸 것이지요. 이것이 바로 피그말리온 효과입니다.

피그말리온 효과는 단순한 교육 현상을 넘어 인간관계 전반에서 발견됩니다. 직장에서 리더가 직원에게 "당신은 이 일을 충분히 잘해낼 수 있을 거예요."라고 믿음을 표현하면, 직원은 더 자신감을 갖고 업무에 몰입하게 됩니다. 부모가 자녀에게 "네 안에 큰 가능성이 있다."라고 꾸준히 말해 줄 때, 아이는 그 기대를 따라 성장합니다.

칭찬의 온도

배우자가 서로의 장점을 칭찬해 줄 때, 관계는 더욱 따뜻해지고 깊어집니다.

칭찬은 곧 기대의 언어입니다. 사람은 기대한 만큼 성장하고, 믿음만큼 변화합니다. 그렇기에 칭찬은 단순히 상대를 기쁘게 하는 말이 아니라, 그 사람 안에 숨어 있는 가능성을 현실로 끌어내는 힘이 됩니다. 이때 중요한 점은, 칭찬이 막연해서는 안 된다는 것입니다.

"끝까지 포기하지 않고 노력한 모습이 참 인상 깊어."

단순히 "잘했어."라는 말보다는 이 같은 구체적인 칭찬이 더 큰 힘을 발휘합니다. 또한 칭찬은 한 번으로 끝나지 않고, 일관되게 이어져야 합니다. 사람은 반복되는 언어 속에서 자신의 정체성을 형성하기 때문입니다. 결국 칭찬은 상대방에게 심어 주는 긍정적 기대이자, 자기 충족적 예언을 현실로 만드는 통로라 할 수 있습니다.

칭찬은 작은 말 한마디로 시작되지만, 그 결과는 결코 작지 않습니다. 누군가의 가능성을 깨워 내고, 성장을 이끌며, 관계를 단단히 묶어 주는 강력한 힘이 칭찬 안에 숨어 있습니다. 우리가 누군가를 향해 던지는 따뜻한 말 한마디는, 그 사람의 오늘을 바꾸고 내일을 새롭게 열어 갈 수 있습니다.

스키너의 행동심리학:
행동을 강화하는 언어적 보상

최근 들어 내재적 동기의 중요성이 강조되면서, 외적인 보상보다는 진정성 있는 칭찬이 더 깊은 동기 유발로 이어진다는 사실이 주목받고 있습니다. 단지 칭찬을 듣기 위해 행동하는 것이 아니라, 내가 의미 있는 존재로 여겨지고 있다는 느낌이 들 때, 사람은 더 자발적으로 성장하고 변화합니다.

이것이 바로 칭찬이 단순한 외부 자극을 넘어, 내면의 에너지를 일깨우는 이유입니다. 좋은 칭찬은 사람을 '동기 부여된 상태'로 만드는 것뿐 아니라, 그 동기를 지속시켜 주는 심리적 연료가 되어 줍니다. 이를 설명하는 것이 심리학자 B.F.스키너의 행동심리학입니다.

스키너는 인간의 행동이 단순한 본능이나 의식적 의지로만 설명되지 않는다고 보았습니다. 그는 우리가 하는 대부분의 행동이 결과(Consequence)에 의해 조절되고 형성된다고 주장했습니다. 이것이 바로 조작적 조건형성(Operant Conditioning)의 핵심 원리입니다.

스키너는 원하는 행동이 일어났을 때 긍정적 결과가 주어지면, 그 행동은 더 자주 반복된다고 보았습니다. 반대로 부정적 결과나 무시가 주어지면, 그 행동은 점차 줄어듭니다. 이때 긍정적 결과로 작용하는 것이 바로 강화(Positive Reinforcement)이고, 칭찬은 가장 일상적이면서도 강력한 강화 요인 중 하나입니다.

스키너의 이론에 따르면, 칭찬은 단순한 격려가 아니라 행동을 강화하는 언어적 보상입니다. 예를 들어 학생이 과제를 성실히 해 왔을 때, 교사가 "아주 잘했어."라고 말하면, 그 순간 학생은 단순히 기분이 좋아지는 데서 그치지 않습니다. 무의식적으로 "과제를 성실히 하면 좋은 결과가 따라온다."는 학습을 하게 됩니다.

이러한 학습은 시간이 지나면서 행동의 습관화를 이끕니다. 즉, 칭찬은 한 번의 사건에서 끝나는 것이 아니라, 앞으로도 같은 행동을 반복하도록 만드는 동기적 신호가 됩니다.

스키너는 강화가 효과를 가지려면 즉각적이고 구체적이어야 한다고 강조했습니다. 아이가 어떤 행동을 한 직후에 칭찬이 주어져야 그 행동과 칭찬 사이의 연관성이 분명해집니다. 늦게 주어지거나 모호한 칭찬은 강화 효과가 약해집니다. 예를 들어, "넌 원래 착한 아이야."라는 일반적 칭찬보다는,

"방금 친구한테 연필을 빌려준 게 참 멋졌어."

라는 구체적 칭찬이 훨씬 더 강력합니다. 구체적인 칭찬은 어떤 행동이 강화되어야 하는지를 분명히 알려 주기 때문입니다.

스키너는 인간이 본능적으로 동기 부여가 된다고 보지 않았습니다. 오히려 환경에서 오는 보상이 행동을 이끈다고 보았습니다. 이 관점에서 칭찬은 단순히 외적 동기가 아니라, 행동을 안정적으로 유

지하고 발전시키는 자극입니다.

한 아이가 수학 문제를 풀고 교사에게 칭찬을 받는 경험을 반복할수록, 그 아이는 수학 문제를 푸는 행동 자체에 흥미와 자신감을 가지게 됩니다. 결국 외적 강화였던 칭찬이 내적 동기로 전환되는 과정이 일어나는 것입니다.

심리학적 안전감:
유대감을 키우는 정서적 접착제

칭찬은 또한 감정적 안정을 돕는 역할도 합니다. 우리는 일상에서 다양한 스트레스와 불안을 경험하지만, 그 속에서도 "당신을 지켜보고 있고 응원하고 있습니다."라는 메시지가 전해질 때, 마음은 놀랍도록 빠르게 진정되고 안정됩니다. 칭찬을 통해 인정받으면 스트레스가 낮아지고, 전반적인 삶의 만족도도 높아지는 긍정적 효과가 있습니다.

이는 심리학적 안전감(psychological safety)이라는 개념과도 연결되며, 특히 팀 내 신뢰 형성과 소통 활성화에 필수적인 요소로 작용합니다. 우리는 본능적으로 인정받고자 하는 욕구를 가지고 있으며, 이 욕구가 충족될 때 인간관계 속에서 안전감을 느끼게 됩니다. 진심 어린 칭찬은 신뢰와 친밀감을 형성하는 정서적 접착제 역할을 하며, 그로 인해 협력과 상호 존중이 자연스럽게 일어납니다.

"당신과 함께 일하니 참 든든합니다."

이 말 한마디가 분위기를 바꾸고, 상대방과의 관계를 한층 더 따뜻하게 만들어 줄 수 있습니다. 직장, 학교, 가정, 공동체 어디에서든 칭찬은 갈등을 줄이고 협력을 증진시키며 건강한 문화를 만들어 가는 데 기여합니다.

이렇듯 칭찬은 개인적으로는 자기 존중감과 자기 효능감을 높이고, 관계적으로는 유대감과 신뢰를 키우며, 집단적으로는 조직의 분위기와 문화를 변화시키는 긍정의 언어입니다.

결론적으로 칭찬은 인간의 본능과 심리, 그리고 관계의 본질을 꿰뚫는 지혜로운 표현 방식입니다. 칭찬을 잘 활용하는 사람은 상대를 이해하고 변화시키는 힘을 지닌 리더입니다. 칭찬은 그렇게, 사람과 사람 사이를 잇는 가장 따뜻하고 효과적인 다리가 되어, 개인과 공동체 모두의 삶을 밝고 의미 있게 만들어 갑니다.

오늘도 당신은 참 애썼습니다.
티 나지 않게 배려하고,
누구보다 먼저 움직이며,
아무도 몰래 조용히 책임을 감당해 낸
그 모습이 참 고맙습니다.

당신이 있어서,
누군가는 오늘 하루를 견딜 수 있었고
누군가는 미소 지을 수 있었습니다.

이 모든 걸 말하지 않아도 해내는 당신,
그런 당신을 오늘만큼은 꼭 칭찬하고 싶었습니다.

당신의 그 따뜻한 마음 한 줌이
누군가에게는 봄 햇살 같았다는 걸 기억해 주세요.

지금 이 글을 읽고 있는 당신,
충분히 멋지고 아름다운 사람입니다.

③ 관계의 깊이를 더하는 칭찬의 힘

"사람을 변화시키는 가장 쉬운 방법은
그를 인정하고 칭찬하는 것이다."
– 윌리엄 제임스

신뢰와 칭찬의 관계

신뢰는 모든 인간 관계에서 중요한 기반이 됩니다. 비즈니스 관계, 친구 관계, 팀워크에서도 신뢰가 없으면 효과적인 소통과 협력이 어려워지기 마련입니다. 칭찬은 이러한 관계를 강화하는 중요한 도구로 작용할 수 있으며, 신뢰를 구축하는 데 핵심적인 역할을 합니다.

우리는 보통 신뢰를 '상대방의 말과 행동을 믿고 의지할 수 있는 마음'이라 표현합니다. 그런데 이 신뢰는 단번에 생기는 것이 아니라, 상대에 대한 이해와 존중 그리고 작은 표현들이 반복되는 과정에서 차곡차곡 쌓여 가는 감정의 결과입니다. 그 작은 표현 중 가장 따뜻하고 힘 있는 것이 바로 칭찬입니다.

진심이 담긴 칭찬은 사람 사이의 정서적 연결을 깊게 하고, 그 안에서 서로에 대한 믿음을 키우게 합니다. 특히 칭찬이 일상적인 말투를 넘어 그 사람의 노력 태도 가치를 세심히 바라보고 진심으로 전할 때, 상대는 "내가 이 사람에게 존중받고 있구나!"라는 감정을 자연스럽게 느끼게 됩니다. 이러한 경험은 마음의 문을 여는 열쇠가 되며, 서로를 향한 신뢰감 있는 소통의 토대를 만들어 줍니다.

깊은 신뢰를 형성하는 칭찬법

칭찬은 지속성과 일관성을 가질 때, 그 신뢰를 더욱 깊게 형성해 줍니다. 한두 번의 칭찬으로는 감정의 울림이 오래 가지 않을 수 있습니다. 그러나 반복적이고 일관된 피드백, 그것도 상황에 맞게 다채롭게 표현되는 칭찬은 듣는 사람에게 진정성을 각인시켜 줍니다. 예를 들어 매번 업무가 끝난 후, 이런 말이 빠지지 않고 반복된다면 어떨까요?

"오늘도 꼼꼼하게 챙겨 주셔서 감사해요."

그럼 상대는 자신이 지속적으로 인정받고 있고 이 관계가 안전하다는 확신을 얻게 됩니다.

다만, 반복된다고 해서 칭찬이 기계적으로 전달되어서는 안 됩니다. 때로는 "좋아요.", "잘하셨어요."와 같은 형식적인 말이 오히려 건성으로 자신과 소통한다는 인식을 줄 수도 있습니다. 그래서 신뢰를 심어 주는 칭찬은 반드시 구체적이고 정직한 언어로 표현되어야 합니다. 감정을 담고, 그 사람이 노력한 구체적인 부분을 정확히 짚어 주는 칭찬은, 마음의 중심을 움직이는 강력한 힘을 가집니다.

칭찬은 또한 상대방의 고유한 가치를 존중하고 있다는 신호로 작용합니다. 우리는 자신이 진정성을 다해 한 노력이 타인에게 의미 있게 받아들여질 때, 깊은 만족감과 감동을 느낍니다. 그 감정은 단지 "기분 좋음"을 넘어서, 자신에 대한 긍정적인 인식과 함께, 칭찬한 사람에 대한 자발적인 신뢰와 호감으로 확장됩니다. 그렇게 해서 맺어진 관계는 겉으로 보기엔 일상적일지 몰라도, 그 내면은 깊이 연결된 신뢰로 묶여 있는 따뜻한 관계가 됩니다.

또한 칭찬은 심리적 안전감을 형성하는 데 중요한 역할을 합니다. 심리적 안전감이란 자신의 감정이나 생각, 실수까지도 있는 그대로 표현해도 괜찮다는 신뢰의 분위기입니다. 칭찬은 이 분위기를 만들어 가는 데 매우 효과적인 방식입니다.

"질문하신 부분이 정말 날카롭고 좋았어요. 덕분에 우리
가 다시 생각해 보게 되었어요"

이 말은 형식적으로 참여를 칭찬하는 것이 아니라, 그 사람의 존재와 발언 자체를 환영한다는 신호입니다.

이를 통해 신뢰를 자라게 하고, 사람 사이의 관계를 부드럽게 연결하게 됩니다. 진심이 담긴 칭찬은 상대의 마음을 움직이게 하며, 나아가 관계를 더욱 따뜻하고 견고하게 만듭니다. 그렇게 형성된 신뢰는 다시 더 깊고 자연스러운 칭찬을 가능하게 해 주며, 칭찬과 신뢰가 서로를 북돋우며 함께 자라나는 선순환 구조를 만들어 냅니다.

우리는 살면서 수많은 관계를 맺고 살아갑니다. 그중 어떤 관계는 가볍게 스쳐 지나가고, 어떤 관계는 오랜 시간 곁에 머물게 됩니다. 그 차이를 만드는 중요한 요소 중 하나가 바로 신뢰입니다. 신뢰는 때로 칭찬이라는 조용하고 따뜻한 언어로 시작됩니다. 마음을 담은 칭찬, 그 한마디가 지금 누군가와의 관계를 바꾸는 시작이 될 수 있습니다. 그 시작을 용기 내어 건네는 일, 그것이야말로 우리가 더 나은 관계를 만들어 가기 위한 첫걸음일 것입니다.

관계를 존중하는 칭찬의 기술[1]

그런데 칭찬을 건넬 때 주의해야 할 점이 한 가지 있습니다. 반드시 관계까지 존중하는 마음이 담겨야 한다는 것입니다. 단순히 개인만 칭찬하는 것으로는 부족합니다. 개인이 속한 세대, 공동체, 가족과의 연결을 함께 인정해 주어야 진정한 울림이 생깁니다.

예를 들어, 후배에게는 이렇게 말할 수 있습니다.

> *"요즘 젊은 세대가 도전적이라는데, 자네가 바로 그런 모습이구나."*

이 말은 단순히 개인을 칭찬하는 것을 넘어, 그가 속한 세대 전체를 긍정하는 메시지가 됩니다. 듣는 사람은 자신이 속한 관계까지 존중받았다고 느끼며, 더욱 깊은 감동을 받습니다.

반대로, "요즘 젊은 사람답지 않게 일을 잘한다."라고 했다면 상대방은 어떠한 생각을 갖게 될까요? 표면적으로는 칭찬이지만, 속으로는 '이분은 결국 내 세대를 싫어하는구나.'라는 불안감을 주게 됩니다.

---

1   출처: 김경일 교수 강연

그렇다면 선배님께는 어떻게 말할 수 있을까요?

"선배님 세대의 지혜가 크다고들 하는데, 오늘 말씀을 들
  으면서 제가 정말 많이 배웠습니다."

이 말은 한 사람만이 아니라, 그분이 속한 세대 전체를 존중하
는 칭찬입니다. 듣는 이는 단순히 '내가 잘했다.'는 수준을 넘어, 나
의 관계와 배경까지 인정받았다고 느끼게 됩니다. 이렇듯 개인만 빛
나게 하는 것이 아니라, 그가 속한 공동체와 관계까지 함께 세워 줄
때, 칭찬은 더욱 따뜻하고 힘 있는 메시지가 됩니다.

가족 관계를 단단히 하는 칭찬의 힘

가까운 사이일수록, 사랑하는 사람일수록, 우리는 칭찬을 더 아
끼곤 합니다. 하지만 가장 가까운 사람에게서 듣는 칭찬은 그 어떤
말보다 깊이 마음에 남고, 관계를 치유하는 힘이 됩니다. 바로 그렇
기 때문에 가족을 향한 칭찬은 더욱 세심해야 합니다. 같은 말이라
도 어떤 가족에게는 큰 힘이 되지만, 다른 가족에게는 별 의미가 없
거나 오히려 부담이 될 수 있기 때문입니다. 그래서 가족을 향한 칭
찬은 그들의 마음속 욕구와 관계의 맥락을 이해하는 것에서 시작됩

니다.

● 아들에게 필요한 칭찬[2]

남자아이들은 본능적으로 인정받고 싶은 욕구가 강합니다. 그래서 단순히 "잘했어."라는 말만으로는 충분하지 않을 때가 많습니다. "엄마, 이거 봐!"라며 계속해서 보여 주고 싶어 한다면, 아직 그 욕구가 채워지지 않았다는 신호일 수 있습니다. 이럴 때는 "우와, 정말 멋지다!"라며 먼저 놀라움과 감탄을 표현해 주세요. 여기에 "어떻게 이렇게 만들었어?"라는 질문을 더하면, 아들은 자신의 노력을 설명하며 '내가 인정받고 있구나!'라는 확신을 얻게 됩니다. 그 과정에서 언어 능력과 자신감도 함께 자라납니다. 결국 아들에게는 결과보다 과정과 노력을 인정하는 칭찬이 최고의 선물이 됩니다.

● 딸에게 필요한 칭찬

딸아이들은 대체로 사랑받고 싶은 욕구가 강합니다. 그래서 "예쁘다."거나 "귀엽다."라는 말도 중요한 칭찬이 됩니다. 하지만 외모를 넘어 존재 자체를 인정하는 말이 훨씬 깊은 울림을 줍니다.

"네가 우리 딸이라서 엄마가 힘이 난다."

---

2   출처: 이수연 소장 강연

"오늘 힘든 하루였는데 네 얼굴을 보니 마음이 풀린다."

이런 표현은 딸아이에게 '나는 있는 그대로 소중한 사람'이라는 확신을 줍니다. 단순히 귀엽다는 말보다 "네가 있어서 고맙다."는 인정이 자존감을 지탱하는 든든한 기둥이 됩니다.

● 배우자에게 필요한 칭찬

배우자에게도 칭찬은 필수입니다. 특히 남편은 아들과 크게 다르지 않게, 인정받고 싶어 하는 마음이 강합니다. 하지만 많은 경우 집안에서 칭찬보다 지적을 더 자주 경험합니다.

"왜 이것밖에 못했어?", "당신은 항상 그래."와 같은 말은 남편을 움츠러들게 하고, 점점 아무것도 하지 않게 만듭니다. 반대로 작은 도움에도 "고마워.", "수고했어.", "멋있어."와 같은 짧은 칭찬을 건네면, 남편은 자신이 인정받았다는 만족감에 다시 움직일 힘을 얻습니다. 배우자에게 필요한 칭찬은 화려하거나 거창한 말이 아니라, 구체적이고 진심 어린 인정입니다. 그것이 부부 관계를 부드럽게 하고, 가정의 분위기를 따뜻하게 만듭니다.

아들에게는 인정의 욕구를, 딸에게는 존재의 가치를, 배우자에게는 구체적이고 진심 어린 인정을 채워 주는 것이 가족 관계를 단단히 하는 칭찬의 기술입니다.

● 아들에게 건넨 첫 번째 칭찬

그렇다면 칭찬을 통해서 신뢰가 더 쌓인 저의 사례를 알아볼까요?

교회를 다니기 시작하면서, 한 가지 숙제가 주어졌습니다. 바로 '자녀에게 칭찬하기'였습니다. 사실 그 숙제를 받기 전까지는 자녀에게 칭찬을 해 본 적이 많지 않았습니다. 바쁘다는 이유로, 당연하다는 생각으로, 칭찬은 늘 뒤로 미뤄진 감정이었죠.

그래서 조심스럽게 아들에게 물었습니다.

"아버지가 어떤 칭찬을 해 줬으면 좋겠니?"

그때 아들은 머뭇거리다가 말했습니다.

"음… 그냥, '잘 자랐어'라는 말을 듣고 싶어요."

짧은 그 말에, 저는 가슴이 뭉클해졌습니다.

아들은 당시 대학생이었습니다. 용돈을 넉넉히 주지도 못했고, 학비조차 전적으로 지원해 주지 못했기에 늘 마음 한편에는 미안함이 있었습니다. 그런데도 아들은 자취를 하며 아르바이트로 학비와 생활비를 감당하고 있었습니다. 그 삶이 쉽지 않다는 걸 저는 알고 있었습니다. 묵묵히, 조용히 자신의 몫을 해내는 아들의 모습은 말로 다 표현할 수 없을 만큼 대견했죠.

그날 저는 처음으로 아들에게 진심 어린 칭찬을 건넸습니다.

"아들, 정말 잘 자랐구나. 누가 시킨 것도 아닌데 이렇게

혼자서 학비도 벌고, 생활도 책임지고… 아빠는 너를 보
면 미안하고, 정말 자랑스럽고 고마워."

그 말 한마디가 아들의 얼굴에 환한 미소를 피웠습니다. 그리고 그날 이후, 우리 사이에는 따뜻한 온기가 피어났습니다. 자연스레 대화가 많아졌고, 서로의 마음을 조금씩 더 이해하게 되었습니다.

그때 저는 깨달았습니다. 칭찬은 단지 말을 주고받는 행위가 아니라, 마음을 연결하는 다리라는 것을요. 상대방의 존재를 인정하고, 그 존재에 감사하는 표현이 바로 칭찬이었습니다.

그날 이후 저는 자녀뿐 아니라 가족, 주변 사람들에게 '따뜻한 한마디'를 건네는 연습을 하고 있습니다. 지금도 늦지 않았습니다. 작은 칭찬 한마디가 멀어졌던 마음을 다시 이어 주고, 단단한 관계로 이끌어 줄 수 있으니까요.

우리는 자녀를 바라볼 때 많은 기대와 바람을 품습니다. 그래서 때로는 조언과 지적이 먼저 나오기도 하지요. 그러나 정작 아이가 가장 듣고 싶어 하는 것은 거창한 말이나 성과에 대한 평가가 아닙니다.

"너라서 고마워."
"네가 있어 든든해."
"네 노력이 참 소중하다."

이러한 따뜻한 인정의 말일지도 모릅니다. 혹시 마음속에만 담아 두었던 고마움이나 존경의 표현이 있다면, 오늘은 용기를 내어 꼭 말로 건네 보세요. 아이는 그 말을 들으며 부모의 사랑을 더 깊이 느끼고, 자신이 소중한 존재라는 확신을 가지게 될 것입니다.

작은 칭찬이 만드는 따뜻한 신뢰

저는 배드민턴 코트에서 함께 운동하는 선배 한 분을 위해 작은 프로젝트를 준비했습니다. 그 선배님의 코트 위 활기찬 미소와 따뜻한 존재감을 담아, '코트 위에 빛나는 미소'라는 칭찬 동화를 만들어 유튜브로 제작한 것이었습니다.

영상은 단순한 콘텐츠가 아니라, 선배님의 모습에서 제가 느낀 진심 어린 존중과 칭찬을 담은 선물이었습니다. 선배님은 이 영상을 받고 무척 기뻐하셨습니다. 그런데 그 기쁨은 거기서 멈추지 않았습니다. 선배님은 지인들에게 이 칭찬 동화를 공유하였고, "너무 따뜻하다.", "이야기 속에 진심이 느껴진다."는 좋은 피드백을 많이 받았다고 합니다.

특히 미국에 있는 아들에게도 영상을 보냈는데, "아버지의 모습이 이렇게 표현되니 정말 좋다."며 깊이 감동했다고 합니다. 선배님은 그 말을 전하며 얼굴 가득 미소를 지어 보였습니다.

그 후로 선배님과 저 사이에는 이전보다 더 큰 친밀감이 생겼습니다. 단순히 운동을 함께하는 사이가 아니라, 서로를 이해하고 존중하는 마음이 깊어지면서 신뢰의 끈이 단단해진 것입니다.

이 경험을 통해 다시금 깨닫게 되었습니다. 칭찬은 단순히 상대를 기분 좋게 하는 말에 머무르지 않습니다. 진심 어린 칭찬은 신뢰를 자라게 하는 씨앗입니다. 상대가 "나는 존중받고 있구나, 내 존재가 소중하게 여겨지고 있구나!"라는 감정을 느낄 때, 마음의 문이 열리고 관계가 더 깊어집니다. 칭찬은 신뢰를 자라게 하는 가장 따뜻한 언어입니다.

당신이 건넨 칭찬 한마디에는
말보다 더 큰 믿음이 담겨 있습니다.

그 말이 진심일수록,
상대는 자신이 존중받고 있음을 느낍니다.
그때 신뢰는 조용히 자라나고,
관계는 말없이 깊어집니다.

칭찬은 단순한 말이 아니라,
당신을 믿는다는 마음의 표현입니다.

당신이 전하는 따뜻한 말 한 줄이,
누군가에게는 세상에서 가장 큰
신뢰의 증거가 될 수 있습니다.

그런 말을 건넬 줄 아는 당신,
정말 멋진 분입니다.

④ 성과를 높이는 따뜻한 칭찬 문화

"진정한 칭찬은
상대방의 장점을 발견하고 인정하는 것이다."
– 새뮤얼 존슨

성과의 출발점은 '사람'이다

조직에서 성과를 높이기 위해 우리는 흔히 제도와 시스템을 먼저 떠올립니다. 성과급 제도, 승진 체계, 정교한 평가 방식 같은 것들이죠. 물론 이런 장치들은 필요합니다. 하지만 성과의 출발점은 결국 사람입니다. 아무리 잘 짜인 제도와 전략이 있어도, 그것을 실행하는 사람의 마음이 움직이지 않는다면 기대하는 성과는 결코 나오지 않습니다.

사람은 누구나 자신이 하는 일이 의미 있다고 느끼고 싶어 합니다. 바쁜 일상과 반복되는 업무 속에서도, '내가 한 일이 조직에 도움이 되고 있구나., '내 노력이 다른 사람에게 힘이 되고 있구나.'라는 확신이 생길 때, 비로소 자부심과 주인의식이 싹트게 됩니다. 그리고 이때 가장 직접적이면서도 따뜻하게 그 마음을 일깨워 주는 것이 바로 칭찬입니다.

팀워크와 협업을 강화하는 칭찬의 힘

조직의 성과는 개인의 역량만으로는 이루어질 수 없습니다. 공동의 목표를 향해 나아가는 사람들 사이에서 상호 존중과 신뢰, 자발적인 참여가 있을 때 비로소 유기적인 협력이 가능해집니다. 이 모든 요소를 자연스럽게 연결하고, 시너지를 만들어 내는 핵심 요소가 바로 칭찬입니다.

진심 어린 칭찬은 팀 내 긍정적인 분위기를 조성하고, 각 구성원이 팀의 소중한 구성원으로서 기여하고 있다는 감각을 갖게 해 줍니다. 그 감각은 팀에 대한 애착과 책임감으로 이어지며, 그로 인해 팀원 각자가 보다 자발적이고 적극적인 자세로 협업에 참여하게 됩니다. 칭찬은 특히 '구체적으로 인정받는 경험'을 통해 개인의 가치를 재확인하게 해 줄 때, 더욱 큰 동기 부여의 역할을 합니다.

"이번 회의에서 제안해 주신 마케팅 전략이 실제로 고객 반응을 유도하는 데 큰 영향을 주었습니다."

이러한 피드백은 팀에 실질적인 변화를 만든 사람으로서의 자긍심을 심어 줄 수 있습니다. 이런 칭찬의 효과는 당사자 한 명에게만 의미 있는 것이 아니라, 팀 전체로 확장됩니다. 심리적 안전감이 생기는 것이죠. 이를 통해 더 자유로운 의견 개진이 가능해집니다.

사람은 자신이 존중받고 있다고 느낄 때 자기 생각을 보다 자유롭게 표현하며, 집단 속에서 주체적으로 움직이는 성향을 보이게 됩니다. 이런 분위기 속에서는 자연스럽게 집단지성의 힘이 살아나고, 혁신적이고 창의적인 아이디어들이 오고 가게 됩니다. 칭찬은 이 모든 흐름의 시작점이자 가속 장치가 됩니다.

성과 공유의 순간에서도 칭찬은 결정적인 역할을 합니다. 프로젝트가 성공적으로 마무리된 후 단순히 "수고하셨습니다."라고 말하는 것도 물론 의미 있지만, 역할의 기여도를 구체적으로 언급하는 칭찬은 훨씬 더 큰 감동과 자극을 줍니다.

"초기 기획 단계에서 방향을 잡아 주신 덕분에 전체 흐름
이 명확해졌습니다. 정말 큰 역할이셨습니다."

이때 구성원은 '내가 이 팀에 필요하고, 실제로 영향을 미쳤다.'는 존재감과 성취감을 경험하게 되며, 다음 프로젝트에 대한 몰입과 의

욕도 함께 높아지게 됩니다.

칭찬이 만드는 조직 문화

칭찬은 곧 관계를 살리는 말이며, 문화가 되는 언어입니다. 한마디의 칭찬이 팀의 흐름을 바꾸고, 서로의 마음을 움직이며, 협업이라는 이름의 공동체를 더욱 유연하고 강하게 만들어 줍니다. 그 힘을 믿고 실천하는 사람과 조직만이 더 따뜻하고 건강한 성장을 지속해 나갈 수 있습니다.

칭찬이 생활화된 조직은 달라집니다. 구성원 간의 상호작용이 활발해지고, 정서적으로 안정된 분위기 속에서 몰입도가 높아집니다. 성과는 일시적인 향상에 그치지 않고 장기적으로 유지되며, 인재의 이탈을 방지하는 힘도 생깁니다. 특히 수평적이고 개방적인 조직에서는 구성원들끼리 오가는 상호 칭찬이 큰 의미를 발휘합니다.

> *"오늘 발표에서 ○○○님의 질문 덕분에 흐름이 정리되었어요."*

이런 말이 자연스럽게 오가는 조직은 단순히 일을 하는 곳이 아니라 서로의 성장을 응원하는 공동체로 기능하게 됩니다.

결국 칭찬은 사람을 움직이고, 조직을 움직이는 힘입니다. 그것은 단순한 친절이 아니라, 조직을 성장시키는 전략적 리더십의 언어입니다. 진심 어린 칭찬 한마디가 사람의 마음을 살리고, 조직의 성과를 끌어올리는 강력한 에너지가 됩니다. 이제 실제로 칭찬이 어떻게 성과와 문화를 만들어 내는지, 몇 가지 사례를 통해 살펴보겠습니다.

● 사례 1. 신입사원의 자신감을 살린 칭찬

첫 프로젝트 보고서를 발표한 신입사원 민수 씨는 회의가 끝나자 긴장된 얼굴로 자리에 앉아 있었습니다. 혹시 실수하지 않았을까, 발표가 미흡하지 않았을까 걱정이 앞섰기 때문입니다. 그때 팀장이 다가와 환하게 웃으며 말을 건넸습니다.

팀장 민수 씨, 오늘 보고서 준비하느라 고생했죠?

민수 아, 아닙니다. 사실 제대로 했는지 걱정됐습니다.

팀장 저는 오히려 오늘 보고서에서 자료를 단계별로 정리한 부분이 정말 인상 깊었어요. 덕분에 팀 전체가 빠르게 방향을 잡을 수 있었습니다.

민수 씨는 순간 안도하며 미소를 지었습니다. 단순한 격려가 아니라, 구체적으로 어떤 부분이 도움이 되었는지 짚어 주는 칭찬이었기 때문입니다. 옆자리 동료들도 거들었습니다.

동료 A 맞아요, 민수 씨. 오늘 덕분에 회의가 빨리 끝났습니다.

동료 B 저도 자료 덕분에 한눈에 이해가 됐어요.

뜻밖의 칭찬이 이어지자 민수 씨는 자신감을 얻었고, 이후 보고서 작성에 더 큰 정성을 쏟았습니다. 작은 칭찬 한마디가 한 신입사원의 성장을 이끌고, 프로젝트 성과를 끌어올린 순간이었습니다.

● **사례 2. 갈등을 풀어낸 칭찬**

어느 날 프로젝트 회의에서 의견 충돌이 생겼습니다. 분위기가 냉랭해질 무렵, 막내 사원 지연 씨가 용기를 내어 양쪽의 의견을 정리해 주었습니다. 회의가 끝나자, 팀장이 먼저 다가와 말했습니다.

팀장 지연 씨, 오늘 판단 정말 탁월했어요. 덕분에 우리가 갈등을 잘 넘길 수 있었습니다.

지연 저는 그냥 말씀을 정리한 것뿐인데요.

팀장 아니에요. 침착하게 정리해 주는 게 팀에는 꼭 필요합니다.

곁에서 듣던 동료들도 고개를 끄덕였습니다.

동료 A   맞아요. 덕분에 불필요하게 길어지지 않았어요.

동료 B   저도 속으로 감사했어요. 큰 도움이 됐습니다.

지연 씨는 자신이 한 행동이 팀에 의미 있었다는 사실을 깨달았고, 이후 회의에서 의견을 정리해 주는 역할을 자주 맡게 되었습니다. 이렇게 한 사람의 행동을 칭찬으로 인정해 주는 순간, 팀에는 서로의 장점을 존중하는 분위기가 싹트기 시작합니다.

● 사례 3. 작은 노력이 문화로 확산되다

제조팀의 준호 씨는 별다른 지시가 없어도 매일 아침 안전 점검표를 작성해 공유했습니다. 그러던 어느 날, 팀장이 회의 중에 그를 칭찬했습니다.

팀장   준호 씨, 매일 점검표 작성해 주는 거 알고 있어요. 덕분에 우리가 놓칠 뻔한 부분을 확인할 수 있었습니다. 정말 중요한 기여예요.

준호   아, 그냥 습관일 뿐인데요.

팀장   그 습관이 우리 팀을 지켜 주고 있습니다.

곧바로 동료들이 반응했습니다.

동료 A 맞아요. 사실 저도 점검을 종종 놓쳤는데, 준호 씨 덕분에 챙기게 됩니다.

동료 B 우리 다 고마워해야 할 부분이에요.

준호 씨는 처음엔 대수롭지 않게 여겼지만, 상사와 동료들의 칭찬 덕분에 자신의 노력이 큰 의미를 가진다는 걸 깨달았습니다. 이후 "작은 행동도 인정하자"는 분위기가 팀에 퍼졌고, 결국 안전사고가 크게 줄어드는 성과로 이어졌습니다.

● 사례 4. 실패를 성장으로 바꾼 칭찬

신입사원 소영 씨는 첫 프레젠테이션에서 중요한 자료를 빠뜨렸습니다. 발표가 끝나자 얼굴이 붉어지고 고개가 숙여졌습니다. 그때 대표가 먼저 말을 건넸습니다.

대표 자료가 조금 빠지긴 했지만, 오늘 발표 준비에 최선을 다한 모습이 인상 깊었어요. 덕분에 우리 팀이 새로운 방향을 고민할 수 있었습니다.

소영 …정말요? 저는 실패했다고만 생각했는데요.

대표 실패라니요. 이런 시도가 있기에 우리가 배우는 겁니다.

동료들도 고개를 끄덕이며 말을 보탰습니다.

동료 A 맞아요. 발표 준비하는 모습 다 봤습니다. 노력한 게 고
스란히 드러났어요.

동료 B 저도 자료 보면서 많이 배웠습니다.

실패로 끝날 뻔한 경험이 칭찬과 동료들의 지지 덕분에 성장의 계
기가 되었습니다. 이후 소영 씨는 더 큰 자신감을 가지고 도전에 임
했고, 팀원들 역시 실패를 두려워하지 않는 분위기를 공유하게 되었
습니다.

이 모든 순간이 모여, 서로의 가치를 존중하고 지지하는 따뜻한
칭찬 문화가 만들어졌습니다. 그리고 이 문화가 결국 조직의 장기적
인 성과를 높이는 힘이 됩니다.

지금 이 순간,
당신이 마음속으로 떠올린 그 사람에게
따뜻한 말 한마디를 건네 보세요.

"정말 수고 많았어요."
"당신 덕분에 많이 웃었어요."
"늘 든든해요, 고마워요."

그 어떤 위대한 변화도,
이렇게 작은 말 한 줄에서 시작됩니다.

당신은 누군가의 마음을 움직일 수 있는
힘을 지닌 사람입니다.
그리고 그 힘은 지금,
당신의 입술과 진심에서 시작될 수 있어요.

오늘, 당신의 한마디가
누군가의 삶을 더 빛나게 할 수 있습니다.

2부

" • • • • • • • • • • • • • • "

칭찬 모드로
온(on) 마음 켜기

① 관계를 좌우하는
말의 온도

"칭찬을 아끼지 마라.
그것이야말로 세상을 밝게 만드는 힘이다."
– 프랭클린 D. 루스벨트

말의 상처, 관계를 멀게 하는 언어

우리는 하루에도 수많은 말을 주고받습니다. 그 말들 중에는 힘이 되고 기분 좋은 말도 있지만, 마음을 찌르듯 불편하게 만드는 말도 있습니다. 특히 비난, 비판, 꾸중, 질책, 폄하, 모욕, 욕설 같은 말들은 듣는 사람에게 큰 상처를 남기곤 합니다. 이런 말들은 때로는 무심코 툭 던져지지만, 듣는 사람에게는 오랫동안 잊히지 않는 아픔이 됩니다. 말은 순간이지만, 그 여운은 길게 남아 사람의 감정과 행동에 영향을 미칩니다.

여기서는 부정적인 말이 사람에게 어떤 영향을 미치는지, 그 속에서 어떤 감정과 행동이 생기는지를 살펴보고자 합니다. 그리고 그 말이 사람 사이의 관계를 어떻게 바꿔 놓는지 생각해 보려 합니다.

● 마음을 닫게 만드는 말, 무너지기 시작하는 신뢰

누군가로부터 비난을 받는 순간 마음은 스르르 닫혀 버립니다. 처음에는 '어쩌다 보니 그렇게 된 건데…', '다 내 잘못은 아닌데…'라는 마음이 올라옵니다. 그리고 이내 억울함, 부끄러움, 당황스러움이 뒤섞이며 자기방어가 시작됩니다.

그 누구도 자신을 깎아내리는 말 앞에서 솔직해지기는 어렵습니다. 특히 감정이 섞인 말투나 인신공격처럼 느껴지는 표현은 마음의 문을 닫게 만들고, 그 사람과의 신뢰도 서서히 무너뜨립니다. 예를 들어 "도대체 왜 이걸 또 틀리는 거야?", "생각 좀 하고 해!"라는 말은 상대방에게 인정받지 못했다는 좌절감을 남깁니다.

그 순간부터는 문제 해결보다 '이 사람은 날 싫어하나 봐.', '내가 잘못한 걸 이렇게까지 말해야 하나?'라는 감정의 반응이 앞서게 됩니다. 말의 내용보다 말의 방식이 마음을 아프게 할 때가 더 많습니다.

● 자신감을 잃고 점점 움츠러드는 행동

심지어 말의 방식에 문제가 없다고 하더라도, 비판을 받는 입장에서는 모두가 더 발전하는 것은 아닙니다. 오히려 과도한 질책은 사람을 더 위축시키고, 시도조차 하지 않게 만듭니다.

처음엔 실수했더라도 다음엔 더 잘해 보려는 마음이 있었겠지만 '이번에도 또 혼나겠지?', '이러다 팀에서 쓸모없는 사람 취급받겠지?' 라는 생각이 들면, 무언가를 시도하기보다는 피하고, 숨고, 멈추게 됩니다. 이런 마음이 반복되면, 결국 스스로를 믿지 못하게 됩니다. 그렇게 되면 마음이 점점 무거워지고, 자기효능감도 떨어집니다.

칭찬은 용기를 북돋지만, 반복된 비난은 용기를 꺾어 버립니다. 부정적인 말은 그 사람의 태도와 시도 자체를 멈추게 만들 수 있다 는 점을 잊지 말아야 합니다.

● 말로 생긴 틈, 관계를 멀게 하다

사람 사이의 관계는 말로 시작되고, 말로 다듬어집니다. 그런데 말 한마디가 때로는 멀쩡했던 사이를 갑자기 차갑게 만들기도 합 니다. 특히 공개적인 자리에서 들은 비난은 마음에 큰 상처를 남깁 니다.

회의 중 상사가 "이건 누구 아이디어예요? 이런 수준으로 어떻게 하자는 거예요?"라고 말할 때, 모두의 시선이 한 사람에게 쏠립니 다. 그 사람은 머리를 숙이고 아무 말도 하지 못합니다. 그 뒤로는 그 누구와도 편하게 대화하기가 어려워지고, 눈치를 보게 되고, 팀 안에서의 존재감도 작아집니다.

가족 사이에서도 마찬가지입니다. "너는 왜 항상 그렇게 이기적이야?", "동생 좀 본받아라!"와 같은 말은 가까운 사이일수록 더 깊은 상처를 남깁니다. 사람은 관계 속에서 존중받을 때 마음이 열리고, 비난이 반복되면 서서히 감정을 거두고 거리 두기를 시작하게 됩니다.

● 참는 마음 끝에 일어나는 감정의 단절

모든 사람이 부정적인 말 앞에서 눈물을 흘리거나 반항하는 것은 아닙니다. 어떤 사람은 말없이 참고 견딥니다. 하지만 그 마음속에서는 조용한 단절이 일어나고 있습니다.

'이젠 기대하지 말아야겠다.'거나 '그냥 거리 두는 게 편하겠다.'라는 생각이 마음속에 자리 잡으면, 겉으론 아무 일 없는 듯 보여도 그 사람은 더 이상 감정을 나누려 하지 않고, 마음을 걸어 잠급니다.

반대로, 분노나 복수심을 키우는 사람도 있습니다. '언젠가 나도 그렇게 되갚아 주겠어.'라는 마음은 서서히 자라나고, 말보다 더 강한 방식으로 표출되기도 합니다. 부정적인 말은 듣는 사람에게 상처만 주는 것이 아니라, 관계를 끝낼 결심까지도 하게 만들 수 있습니다.

말은 쉽게 흘러가지만, 그 말이 상대방의 마음속에 남긴 흔적은 결코 가볍지 않습니다. 때로는 마음의 문을 닫게 만드는 그림자가 되고, 때로는 복수를 다짐하게 하는 칼날이 되기도 합니다. 우리는 그 말이 어떤 영향을 남길지 쉽게 알 수 없지만, 그 힘이 관계를 좌우할 수 있다는 사실만은 분명합니다.

● 오랫동안 남는 상처, 보이지 않는 흔적

비난이나 폄하의 말은 듣는 순간에는 한숨으로 지나가는 것 같지만, 사실은 마음속 깊은 곳에 남아 흔적이 됩니다. 그리고 그 흔적은 삶의 태도를 바꾸기도 합니다. 어릴 때 부모나 선생님에게 "넌 왜 이렇게 못하니?", "너는 도무지 희망이 없다."는 말을 자주 들은 아이는 성인이 되어서도 칭찬을 받는 일이 어색하고, 누군가의 격려 앞에서 "그럴 리가 없는데요."라고 반응합니다.

이런 말들은 시간이 지나도 마음속에 각인되어, 자신을 스스로 낮게 평가하고, 새로운 가능성 앞에서도 주저하게 만듭니다. 그 누구보다 자신을 믿지 못하는 상태가 되고 마는 것입니다.

이처럼 말은 눈에 보이지 않지만, 그 여파는 삶 전체에 영향을 줄 수 있습니다. 부정적인 말을 할 때에는 신중하게, 배려를 담아 전해야 하는 이유입니다.

상처 주지 않고

마음을 열게 하는 건강한 피드백

우리는 누구나 다른 사람과 함께 살아갑니다. 가족 안에서, 직장에서, 친구 관계에서, 때로는 나도 모르게 상대에게 조언하게 되고, 필요할 땐 고쳐 주고 싶은 마음이 생깁니다. 이런 생각이 들 때, 우리는 어떻게 말해야 할까요? 진심은 좋더라도, 말이 날카로웠다면 그 진심은 전달되지 못합니다. 오히려 상대의 마음을 다치게 하고, 관계가 서먹해질 수 있습니다.

그래서 필요한 것이 건강한 피드백의 기술입니다. 상대가 방어하지 않고 마음을 열 수 있도록, 상처를 주지 않으면서도 성장할 수 있도록 도와주는 말하기 방법을 소개합니다.

● 비난이 아닌 방향을 제시하는 말

"왜 그렇게밖에 못 해?"

"그건 네가 제대로 안 해서 그런 거야."

이런 말은 듣는 사람에게 잘못을 책임지게는 하지만, 어떻게 하면 나아질 수 있는지는 알려 주지 않습니다. 사람은 잘못을 지적받았을 때, 자신의 부족함을 인정하고 반성하기보다는 자신을 방어하거나, 기분이 상해 버리는 경우가 더 많습니다. 따라서 피드백은 무엇이 잘못됐는가보다는 "어떻게 하면 더 좋아질 수 있을까?"를 함께 고민해 주는 방식이 효과적입니다.

예를 들어 "이 자료는 너무 엉성해."라고 말하는 대신 "자료에 핵심 포인트가 조금 더 들어가면 훨씬 설득력이 생길 것 같아요."라고 말해 보세요. 같은 지적이지만, 듣는 사람은 훨씬 부드럽게 받아들일 수 있습니다. 비난은 방향을 잃게 하지만, 제안은 나아갈 길을 보여 줍니다.

● 감정보다 사실, 추측보다 관찰

사람은 감정이 섞인 피드백을 들으면 내용보다 감정의 톤에 더 민감하게 반응합니다.

"왜 이렇게 성의 없게 해?"

"당신은 항상 대충하잖아요."

이런 말은 감정적인 판단이 섞여 있어서, 상대방의 마음을 닫게 만듭니다.

반면 "오늘 문서를 제출할 때 오탈자가 몇 군데 있었어요. 혹시 시간이 부족했나요?"라고 말하면 어떨까요? 이런 식으로 객관적인 사실과 구체적인 행동을 중심으로 말하면 듣는 사람은 덜 불편하게 느끼고, 개선의 여지를 스스로 생각하게 됩니다.

또한, 사람의 속마음이나 의도를 함부로 단정하지 않는 것도 중요합니다. "넌 관심이 없는 것 같아."보다는 "요즘 회의 때 말수가 줄었는데 혹시 무슨 일 있어요?"와 같은 관찰 중심의 언어는 상대의 마음을 열게 하는 힘이 있습니다.

● 긍정과 개선을 함께 말하기

사람은 자신의 노력을 인정받을 때 더 많이 배우고 더 잘하려고 합니다. 그래서 건강한 피드백은 반드시 칭찬과 제안이 함께 가야 합니다.

"이번 발표는 전달력이 참 좋았어요. 듣는 사람 입장에서 설명이 잘되더라고요. 다만 다음에는 예시를 한두 개 더 넣으면 이해가 더 쉬울 것 같아요."

이처럼 잘한 점을 먼저 짚어 주면, 상대는 자신의 노력을 인정받았다는 기쁨을 느끼며 자연스럽게 개선점을 수용할 수 있습니다.

반대로 "이번 발표, 별로였어. 예시도 부족하고 전달도 안 됐어." 라고 하게 되면, 상대의 자존감을 꺾고 "다시는 하지 않겠다."는 회피 반응을 만들 수 있습니다. 칭찬은 피드백의 문을 열고, 제안은 그 안에서 방향을 바꿔 줍니다.

● '너'보다 '나'의 언어로 말하기

"당신은 왜 항상 늦어요?"

"당신은 늘 이기적이에요."

이런 말은 비난처럼 들리기 쉽고, 상대는 방어적인 태도를 취하게 됩니다.

그보다는 이런 말은 어떨까요?

"내가 기다리다 보니 조금 서운했어요."

"그때 제 입장에서는 다소 일방적으로 느껴졌어요."

이렇게 '나'의 느낌을 중심으로 이야기하면, 상대는 비난이 아니라 감정을 전달받게 되고 마음을 열게 됩니다. '나'의 언어는 공감의 말이고, '너'의 언어는 단절의 말이 될 수 있습니다. 특히 감정이 예민해진 상황에서는 '나의 입장', '내가 느낀 점', '내가 생각한 변화'를 중심으로 이야기하는 것이 좋습니다.

● 공개보다 개인적으로, 감정적일 때보다는 잠시 기다리기

피드백을 할 때 가장 피해야 할 것은 공개적인 자리에서의 질책입니다. 사람은 자존심이 있기 때문에, 많은 사람들 앞에서 지적을 받으면 수치심과 분노를 동시에 느끼게 됩니다. 가능하면 조용한 장소에서 1:1로 이야기하는 것이 좋습니다.

"잠깐 이야기 나눌 수 있을까요?"라는 부드러운 말로 시작하고, 감정이 격해진 상태에서는 잠시 시간을 두고 대화하는 것이 더 현명합니다. 말은 빠르게 던지는 것이 능사가 아닙니다. 때로는 적절한 타이밍이 진심을 더 잘 전달하게 만듭니다.

● 말보다 먼저, 마음 전하기

어떤 말도 진심이 담겨 있지 않으면 전달되지 않습니다. 그렇기 때문에 피드백을 시작하기 전에 먼저 마음을 전하는 것이 매우 중요합니다.

"이 말을 전하기까지 고민이 많았어요. 당신에게 꼭 도움이 되었으면 해서요."

"혹시 내가 하는 말이 불편하지 않을까 걱정도 돼요. 하지만 당신을 응원하는 마음으로 말해요."

이런 말은 상대방의 경계를 풀어 줍니다. 이후에 어떤 피드백이 오더라도 그 말을 '나를 위한 조언'으로 받아들이게 되는 마음의 준비를 하게 됩니다.

피드백은 기술이기도 하지만, 결국은 사람을 향한 따뜻한 배려의 표현입니다.

칭찬의 함정과 숨은 의도

이처럼 말 한마디가 사람의 마음을 열기도 하고, 때로는 그 마음을 닫아 버리기도 합니다. 칭찬도 마찬가지입니다. 우리는 보통 칭찬에 대해 언제나 기분 좋은 말이라고 생각합니다. 누군가의 성과를 인정하고 격려하는 따뜻한 표현이니, 그것을 기쁘게 받아들이는 것이 자연스럽다고 여깁니다. 하지만 실제로는 그렇지 않습니다. 칭찬은 분명 상대를 인정하는 긍정적인 언어이지만, 어떻게 전달되느냐에 따라 기쁨이 될 수도 있고, 불편함이 될 수도 있습니다. 따라서 칭찬은 그 자체보다 상대의 태도와 상황에 맞는 온도가 중요합니다. 다음은 부정적인 효과를 낳는 칭찬의 대표적인 사례들입니다.

● 비교 칭찬의 함정

우리는 흔히 칭찬을 좋은 말로만 생각합니다. 하지만 모든 칭찬이 다 긍정적인 효과를 주는 것은 아닙니다. 그중에서도 특히 조심해야 할 것이 바로 비교 칭찬입니다.

비교 칭찬은 겉으로는 누군가를 높이는 말 같지만, 동시에 다른 사람을 낮추는 방식의 칭찬입니다. 예를 들어, "형보다 네가 훨씬 똑똑하구나.", "다른 팀보다 우리 팀이 더 잘했어.", "요즘 젊은이들답지 않게 성실하네."라는 말들이 그렇습니다. 이런 말은 들었을 때 잠시 기분이 좋아질 수 있습니다. 하지만 그 여운은 오래가지 않습니다. 따뜻함이 아니라 불안과 부담이 마음속에 남게 됩니다.

첫째, 비교 칭찬은 불안을 심어 줍니다. "형보다 네가 더 낫다."라는 말은 언뜻 큰 칭찬 같지만, 그 속에는 '언젠가는 나도 뒤처질 수 있겠구나.'라는 생각을 심어 줍니다. 사람은 칭찬을 통해 안정감을 얻고 싶어 하지만, 비교 속의 칭찬은 안정감 대신 압박을 줍니다. 성취를 유지해야 한다는 보이지 않는 부담이 따라붙기 때문입니다.

둘째, 비교 칭찬은 관계를 갈라놓습니다. 형제, 친구, 동료 사이에서 비교는 불필요한 경쟁심을 만들어 냅니다. 칭찬을 받은 사람조차 마음이 편치 않습니다.

> *'내가 잘해서가 아니라, 다른 사람과 비교했기 때문에 인*
> *정받은 거구나.'*

라는 생각이 들 수 있고, 다른 사람은 상대적으로 깎아내려진 느낌을 받습니다. 결국 비교 칭찬은 관계를 더 가깝게 만들지 못하고, 오히려 서먹하게 만들 수 있습니다.

셋째, 비교 칭찬은 칭찬의 진심을 약화시킵니다. 비교를 담은 칭찬은 진심 어린 인정이 아니라, 상대적인 평가처럼 들립니다. '너는 잘했어.'라는 말이 아니라, '다른 사람보다 낫다.'라는 뜻으로 받아들여지기 때문에 칭찬의 힘이 약해집니다. 상대는 자신이 온전히 인정받지 못했다는 느낌을 갖게 되고, 칭찬이 오히려 마음에 상처로 남을 수 있습니다.

● 조건부 칭찬의 함정

칭찬은 본래 상대에게 기쁨과 자신감을 주는 언어입니다. 그러나 어떤 칭찬은 오히려 부담과 두려움으로 작용하기도 합니다. 그 대표적인 예가 조건부 칭찬입니다.

조건부 칭찬이란, "네가 이렇게 하면 칭찬해 줄게.", "앞으로도 이 정도는 유지해야 인정받을 수 있어."와 같이 칭찬에 조건을 다는 것입니다. 언뜻 보면 격려 같지만, 사실은 칭찬의 힘을 반감시키고 상대에게 보이지 않는 압박을 주는 표현입니다.

시험에서 좋은 성적을 받은 아들에게 아버지가 "성적이 계속 이렇게만 나오면 칭찬해 줄게."라고 말합니다. 아들은 그 순간 칭찬을 들었지만, 마음은 기쁘지 않습니다.

> '앞으로도 항상 이 성적을 유지해야 아버지께 인정받을
> 수 있구나.'

불안한 마음이 스며들기 때문입니다. 결과적으로 아이는 성취를 유지하기 위해 끊임없이 긴장하고, 잘못했을 때는 사랑이나 인정이 사라질 것 같은 두려움을 느끼게 됩니다. 이렇듯 조건부 칭찬은 격려가 아니라 압박으로 작용하여, 건강한 동기보다는 불안과 두려움에서 비롯된 행동으로 이어지기 쉽습니다.

● 과한 칭찬의 함정

칭찬은 본래 사람을 격려하고 힘을 주는 언어입니다. 그러나 아무리 좋은 말이라도 지나치면 독이 될 수 있습니다. 특히 과한 칭찬은 사람을 위로하는 대신, 보이지 않는 압박과 왜곡된 자기 인식을 만들어 내곤 합니다.

"넌 완벽해."

"이건 너만 할 수 있어."

이런 표현은 듣는 순간에는 기분 좋게 다가옵니다. 하지만 반복되면 그 말은 칭찬이 아니라 짐이 됩니다. 상대는 자신이 늘 완벽해야 한다는 압박을 느끼고, 결국 성장보다 '칭찬에 맞는 역할'을 유지하는 데 몰두하게 됩니다. 더 나아가 피드백을 불편하게 여기며 스스로를 돌아볼 기회를 잃어버릴 수도 있습니다. 협업이 중요한 환경에서 이런 태도는 독선과 고립으로 이어질 수 있습니다.

고등학생 P는 매번 전교 1등을 하며 부모와 교사에게 "넌 항상 최고야!"라는 칭찬을 들었습니다. 그러나 어느 날 성적이 기대에 미치지 못하자, 그는 자신이 모두를 실망시켰다고 생각했습니다. 불안과 스트레스가 심해져 식사와 잠까지 제대로 하지 못했고, 결국 상담 치료를 받아야 했습니다. 격려의 말로 시작된 칭찬이 아이에게는 압박으로 변했고, 실패 공포와 자기 부정으로 이어진 것입니다.

문제는 과한 칭찬이 단순히 잘못된 습관에서만 나오는 것이 아니라, 때로는 숨은 의도를 담고 있을 때도 있다는 점입니다.

① 부탁을 하기 위한 칭찬

"정말 대단해요. 함께 일하게 되어 영광이에요."라는 말이 끝나기가 무섭게, "그런데 이 부분 좀 맡아 주실 수 있겠어요?"라는 요구가 이어진다면, 그 칭찬은 격려가 아니라 전략일 뿐입니다.

② 동의를 강요하려는 목적

회의 자리에서 "이 아이디어 정말 탁월하네요. 다들 동의하시죠?"라는 말은 칭찬처럼 들리지만, 사실상 다른 의견을 꺼내지 못하게 하는 장치로 쓰이는 것입니다.

③ 기대와 의무를 심기 위한 의도

"이번에 잘해 줘서 고마워요. 계속 기대할게요."라는 말은 감사 같지만, 시간이 지나면 '앞으로도 같은 수준을 유지해야 한다.'는 압박으로 변합니다.

④ 애정 表現으로 포장된 통제

"난 너 없으면 아무것도 못 해."라는 말은 사랑처럼 들리지만, 사실은 상대를 붙잡아 두려는 정서적 구속일 수 있습니다.

칭찬은 사람을 세워 주는 언어이지만, 지나치면 오히려 사람을 무너뜨릴 수 있습니다. 과한 칭찬은 자만심을 부추기거나 불안을 심고, 때로는 관계의 신뢰를 깨뜨립니다.

● 모호한 칭찬

수업이 끝난 뒤 선생님이 학생에게 "수고했어."라고 말합니다. 학생은 잠시 기분이 좋아지지만, 금세 '내가 무엇을 잘했지? 정말 내 노력을 알아주신 걸까?'라는 의문이 듭니다. 구체성이 없는 칭찬은 쉽게 잊히거나, 형식적인 말로 느껴질 수 있습니다.

직장에서도 상사가 "잘했네."라고 말하면, 직원은 '도대체 어떤 점이 잘했다는 거지?'라는 궁금증을 남깁니다. 이런 칭찬은 진심이 아니라 의례적인 인사처럼 느껴져 관계에 따뜻함을 주지 못합니다.

● 뒷맛이 있는 칭찬(반전 칭찬)

한 학생이 발표를 마치자, 선생님이 "오늘은 괜찮네. 평소랑 달리."라고 말합니다. 학생은 순간 기뻤지만, 곧 상처가 따라옵니다. '평소에는 못한다는 말씀이구나.'라고 느끼기 때문입니다. 겉으로는 칭찬 같지만, 내포된 메시지는 비난에 가깝습니다.

직장에서도 이런 경우가 흔합니다. 상사의 "생각보다 잘했네."라는 말에, 직원은 칭찬받았다는 느낌보다 '평소에는 나를 못한다고 생각하셨구나.'라는 마음이 먼저 듭니다. 결국 칭찬은 기쁨이 아니라 자존심의 상처로 남습니다.

● 조건 외적 요소에 대한 칭찬

한 여성이 프로젝트를 성공적으로 마치자, 상사가 "여자인데도 이렇게 해내다니, 정말 대단하네."라고 말합니다. 이 말은 겉으로는 칭찬 같지만, 성별을 제약으로 보는 편견이 숨어 있습니다. 상대는 '나는 성별을 넘어서는 예외일 뿐이구나.'라는 불편한 감정을 느낄 수 있습니다.

또 다른 예로, 어르신이 봉사 활동을 하자 누군가 "나이에 비해 참 훌륭하시네요."라고 말합니다. 겉으로는 존중 같지만, 실제로는 나이를 부정적인 조건으로 깔고 있기 때문에 오히려 듣는 이를 기분 나쁘게 만들 수 있습니다.

잘못된 칭찬과 올바른 칭찬의 차이[1]

말은 공짜이지만, 그 말이 품고 있는 진심은 매우 값진 자산이 됩니다. 칭찬은 인간적인 경영의 출발점이며, 구성원의 자율성과 성과, 인간적인 연결을 함께 이끌어 내는 힘입니다. 긍정적인 피드백이 반복될수록 구성원의 학습 의욕은 자극받고, 자기주도적 성장이 촉진됩니다. 심지어 실수나 실패가 있었던 상황에서도, 그 과정에서 보여 준 태도나 시도 자체를 칭찬해 주는 방식은 실패를 학습 기회로 전환시켜 주는 리더십의 실천입니다.

바로 그 말 한마디가 내일의 더 큰 성과를 위한 첫걸음이 될 수 있습니다. 그렇다면 구체적인 사례를 통해 잘못된 칭찬과 올바른 칭

---

1   출처: 김경일 교수 강연

찬이 어떻게 다른지 비교해 보겠습니다. 이를 통해 사람과 성과를 동시에 성장시키는 올바른 칭찬법을 이해하고, 실생활에도 적용하는 기회가 되길 바랍니다.

● 사례 1. '재능 중심' 칭찬

"넌 역시 똑똑하구나."

"너는 천재야. 안 해도 되겠네!"

이런 말은 처음 들을 땐 아이의 기분을 좋게 만들 수 있지만, 문제가 생기면 아이는 실패를 두려워하고, 노력하지 않게 되는 부작용을 낳습니다. 왜냐하면, 이런 칭찬을 들은 아이는 '나는 원래 잘해야 한다'는 압박을 받기 때문입니다. 어려운 일이 생기면 시도조차 하지 않거나, 금세 포기하게 됩니다. 대신 이렇게 말해 보세요.

"이번에 어려운 문제였는데도 끝까지 풀려고 했구나. 정말 대단해."

● 사례 2. '결과 중심' 칭찬

"전교 1등 했네! 우리 딸 최고야!"

"100점 맞았구나! 역시 내 아들이야."

결과에만 초점을 맞춘 칭찬은 아이에게 성과로만 사랑받는다는 착각을 줍니다. 이로 인해 아이는 실패나 실수를 두려워하게 되고, 결과가 좋지 않을 때 자신의 가치를 의심하게 됩니다. 또한, 결과로만 칭찬받던 아이는 '내가 실패하면 사랑받지 못하겠지?'라는 조건부 자존감을 갖게 됩니다. 대신 이렇게 말해 보세요.

"준비한 만큼 결과가 나왔네. 네 노력의 과정이 참 멋지다."

● 사례 3. '기질 고정' 칭찬

"넌 정말 참을성이 강하구나."

"너는 의지력 하나는 타고났어."

기질을 칭찬하는 것도 조심해야 합니다. 그 아이가 한순간 기질적으로 흔들릴 때, 오히려 더 큰 죄책감과 수치심을 느낄 수 있기 때문입니다. 예를 들어, "너는 의지가 강한 아이야."라는 말을 들은 아이가 하루쯤 공부를 미루거나, 집중이 안 될 때 '나는 왜 이렇게 못하지?'라고 스스로를 더 심하게 자책하게 됩니다. 대신 이렇게 말해 보세요.

"오늘 집중 안 되는 와중에도 끝까지 마무리하려는 모습이 멋졌어."

"중간에 포기하지 않고 다시 돌아온 너의 선택이 대단했어."

● 사례 4. '형식적인' 칭찬

진심 없이 반복적으로 "잘했어."만 말하는 칭찬은 아이에게 감동을 주지 못하고, 어떤 부분이 잘됐는지도 알 수 없어 성장에도 도움이 되지 않습니다. 칭찬은 구체적이고, 즉시적이며, 진실해야 효과가 있습니다. 형식적인 칭찬은 오히려 무관심의 다른 형태로 받아들여질 수 있습니다. 대신 이렇게 말해 보세요.

"방금 네가 발표할 때 시선 처리가 좋았어. 그래서 더 집중해서 들을 수 있었어."

"네가 먼저 친구에게 다가가 인사하는 모습이 참 따뜻했어."

● 사례 5. '비교를 통한' 칭찬

"우리 아들은 옆집 애보다 훨씬 나아."

"누구는 못했는데 넌 잘했어."

이런 칭찬은 겉으로는 칭찬처럼 보이지만, 무의식적으로 경쟁심과 비교 스트레스를 유도하게 됩니다. 그리고 '상대보다 우위'에 있는 상황에서만 스스로를 인정하게 되는 왜곡된 자존감이 생기게 되죠. 대신 이렇게 말해 보세요.

"지난번보다 더 차분하게 발표했구나. 네 성장에 내가 감동했어."

칭찬은 의도와 달리 잘못 사용하면 상대에게 상처나 불안을 남길 수 있습니다. 따라서 겉모습만 칭찬하는 말이 아니라, 그 사람이 보여 준 태도와 행동을 진심으로 존중하는 말이 필요합니다. 올바른 칭찬은 상대를 빛나게 하고, 관계를 따뜻하게 이어 주며, 서로의 신뢰를 깊게 쌓는 힘이 됩니다.

이제 당신은 누군가의 마음을
움직일 수 있는 언어를 배우려 합니다.
그 시작점에 선 당신은,
이미 배려를 품은 사람입니다.

기술은 익힐 수 있지만,
진심은 가진 사람만이 전할 수 있습니다.
그 진심이 당신에게 있다는 사실이 참 든든합니다.

당신의 말 한마디는 누군가의 하루를 밝히고,
그 따뜻함은 결국
더 깊은 관계로 돌아올 것입니다.

이제부터 시작할 이 여정은
사람 사이의 온기를 회복하는 시간입니다.

당신의 진심이
또 다른 마음을 움직이길 응원합니다.

② 칭찬과 마음, 그 사이의 거리

"칭찬은 인간관계를 이어 주는 가장 강력한 접착제다."

– 톰 홉킨스

칭찬이 불편하게 느껴질 때

칭찬은 흔히 기분을 좋게 하고 관계를 따뜻하게 만드는 말로 여겨집니다. 하지만 같은 칭찬에도 어떤 사람은 환하게 웃으며 기뻐하지만, 어떤 사람은 어색하게 고개를 숙이거나 마음 한편이 불편해합니다. 왜 같은 칭찬인데도 사람마다 반응이 다른 걸까요?

그 차이는 단순히 개인 성향의 문제가 아닙니다. 자존감의 상태, 성장 과정에서 경험한 피드백의 방식, 사회적 환경과 문화적 배경, 그리고 인간관계 속에서의 역할 기대와 감정의 흐름 등 수많은 요소가 얽혀 있습니다. 이러한 마음의 거리를 이해하면, 단순한 칭찬도 상대방에게 진정으로 닿도록 전달할 수 있습니다.

● 겸손을 미덕으로 여기는 경우

한국을 포함한 동아시아 문화에서는 특히 겸손이 중요한 미덕으로 여겨지기 때문에, 칭찬을 기쁘게 받아들이기보다 오히려 조심스럽게 부정하는 경우가 많습니다. 누군가가 "이번 일 정말 잘하셨어요."라고 말하면, "아니에요, 그냥 운이 좋았어요.", "다 팀이 도와준 덕분이죠."라고 반응하게 됩니다. 이는 결코 진심을 거절하고 싶어서라기보다는, 자신을 과하게 드러내지 않으려는 문화적 태도에서 비롯된 것일 수 있습니다. 그러나 이러한 겸손은 때로는 칭찬을 건넨 사람에게 서운함을 남기기도 하고, 받아들이는 사람에게는 괜히 주목받는 듯한 부담을 느끼게도 합니다.

● 자존감이 낮거나 자기 확신이 부족한 경우

또한 칭찬을 받아들이는 데 어려움을 겪는 이들 가운데는 자존감이 낮거나 자기 확신이 부족한 경우도 많습니다. 이들은 "내가 정말 그렇게 잘한 걸까?", "이 말 뒤에는 어떤 기대가 숨어 있는 건 아닐까?"라는 의심과 불안을 동시에 느끼며, 칭찬을 있는 그대로 받아들이기보다 스스로를 검열하는 쪽으로 반응하곤 합니다. 결과적으로 칭찬이 심리적인 압박으로 작용하고, 반복되면 피하고 싶은 감정이 앞서기도 합니다.

● 공개적인 자리에서 칭찬을 받는 경우

특히 공개적인 자리에서 받는 칭찬은 부담을 가중시킬 수 있습니다. 많은 사람들 앞에서 나만 특별히 언급되거나 강조될 때, 마음 한편으로는 "지금 이 자리에 어울릴까?", "다른 사람들의 시선은 어떨까?"라는 긴장감이 생기곤 합니다. 협업이 중요한 조직 문화 안에서는, 나 하나가 돋보이는 것이 오히려 팀워크를 해치지는 않을까 염려하는 경우도 있습니다. 이러한 반응은 결코 칭찬을 싫어해서가 아니라, 관계의 균형과 타인을 배려하려는 마음에서 비롯된 것입니다.

● 칭찬과 피드백이 뒤섞여 전달되는 경우

또 한 가지 주의할 점은 칭찬과 피드백이 뒤섞여 전달될 때입니다. "이번 발표는 좋았어. 그런데 다음에는 조금 더 정리하면 좋겠어."와 같은 말은, 언뜻 보기에는 칭찬 같지만 실질적으로는 수정 요구에 초점이 맞춰져 있습니다. 이런 방식은 특히 감정에 민감하거나 완벽주의 성향이 강한 이들에게 방어적인 반응을 일으킬 수 있습니다. 이 경우 칭찬보다는 지적의 뉘앙스가 더 강하게 남아, 오히려 자존감에 부정적인 영향을 줍니다. 그렇기에 칭찬은 칭찬대로, 피드백은 피드백대로 분리해서 전하는 것이 훨씬 더 효과적입니다. 각각의 메시지가 분명하게 전달될 수 있도록, 시간과 방식 모두에 대한 세심한 배려가 필요합니다.

칭찬과 마음 사이의 거리를 좁히는 방법

그렇다면 칭찬을 불편하지 않게 전달하려면 어떻게 해야 할까요? 칭찬을 부담으로 느끼는 사람들에게는 '무엇을 칭찬하느냐'보다 '어떻게 칭찬하느냐'가 훨씬 더 중요합니다. 상대가 진심을 느끼고 받아들일 수 있도록, 전달 방식과 표현에 조금 더 세심한 주의를 기울여야 합니다. 칭찬이 부담이 아니라 따뜻한 인정으로 다가가려면, 보다 섬세하고 진심 어린 전략이 필요합니다. 그렇다면 칭찬과 마음 사이의 거리를 좁히는 방법을 살펴보겠습니다.

● 칭찬 과장하지 않기

첫 번째로, 칭찬을 과장하지 않는 것입니다. "정말 완벽했어요." 같은 표현은 듣는 사람에게 오히려 부담을 줄 수 있습니다. 대신 구체적이고 사실에 기반한 칭찬이 더 편안하게 느껴집니다. 예를 들어 "이번 회의에서 정리해 주신 핵심 문장 덕분에 방향이 명확해졌습니다."라고 말하면, 상대는 그 말의 근거를 쉽게 받아들일 수 있어 스스로도 안심하게 됩니다.

● 간접적인 전달 방식의 활용

두 번째로는, 간접적인 전달 방식을 활용하는 것입니다. 직접 마주 보고 칭찬을 전하는 것이 불편할 수 있으므로, 제삼자의 긍정적인 반응을 인용하거나 자연스러운 분위기 속에서 슬며시 칭찬을 흘리는 방식이 좋습니다. "오늘 발표하신 내용, 다른 팀에서도 좋았다는 말이 나오더라고요."와 같은 표현은 진심은 전하면서도 부담은 줄이는 효과가 있습니다.

● 감정이 아닌 관찰에 기반한 칭찬

세 번째 전략은 감정이 아닌 관찰에 기반한 칭찬입니다. "정말 대단해요."라는 감정 중심의 표현보다는, 행동에 주목한 구체적인 언급이 더 설득력을 가집니다. "지난주 업무 마감 시각보다 이틀 일찍 제출하신 점이 특히 인상 깊었어요."와 같은 말은 상대의 행동을 사실적으로 인정해 주는 방식이라 칭찬을 감정적으로 해석하지 않고 수용하게 만듭니다. 칭찬의 근거가 명확할수록 듣는 사람은 그것을 '나를 향한 감정적인 과장이 아니라 실제 평가'로 받아들이게 됩니다. 이는 불필요한 민망함이나 오해를 줄이고, 오히려 자신감을 회복하는 데 도움이 됩니다.

● 조용하고 자연스러운 칭찬의 환경

또 한 가지 중요한 점은, 칭찬의 환경입니다. 칭찬이 불편한 사람일수록 많은 사람들 앞에서 받는 칭찬은 과도한 주목으로 느껴질 수 있습니다. 공개적인 자리보다는 조용하고 자연스러운 환경에서 1:1 상황이나 조용한 메신저를 통한 전달이 더 효과적일 수 있습니다. 때로는 말보다는 글로 전할 때 상대가 더 편하게 받아들이는 경우도 있습니다.

● 칭찬보다는 감사의 언어로

칭찬보다는 감사의 언어가 더 친숙할 수 있습니다. 가령 "이번 프로젝트 덕분에 일이 수월하게 진행됐어요. 고맙습니다."라는 표현은 칭찬의 의미를 그대로 담고 있으면서도 부담은 줄여 줍니다. 감사는 일상 속에서 자주 오가는 정서이기 때문에 수용하기 더 자연스럽습니다.

● 칭찬을 불편해하는 감정 존중하기

만약 칭찬을 들은 상대가 "아니에요, 별거 아니에요."라며 손사래를 치거나 수줍게 반응한다면 억지로 받아들이도록 요구하기보다는, 그 마음을 그대로 존중해 주는 것이 좋습니다. 누군가 칭찬을 받고 움찔하거나 얼버무릴 때, 억지로 그 반응을 바꾸려고 하지 마세요. "그래도 저는 감사하게 느꼈어요."라고 말하면, 칭찬의 진심은 전달되면서도 상대에게 심리적 여유를 줄 수 있습니다.

● 작은 변화를 인정해 주는 격려

마지막으로, 거창한 성과보다는 작은 변화나 노력에 주목해 주세요. 칭찬에 익숙하지 않은 분들일수록 큰 성취는 부담스럽게 느껴

칭찬의 온도

질 수 있습니다. "요즘 꾸준히 정리하시는 모습 보기 좋아요."처럼, 일상 속의 작은 변화를 인정해 주는 말은 그들에게 진심 어린 격려로 다가갈 수 있습니다.

칭찬은 감정의 연결입니다. 상대를 향해 따뜻한 시선을 보내는 일이며, 그 존재와 기여를 알아봐 주는 가장 인간적인 방식입니다. 우리가 칭찬을 조금 더 세심하고 조심스럽게 건넬 수 있다면, 관계는 더 단단해지고, 서로를 진심으로 응원할 수 있는 따뜻한 연결이 가능할 것입니다.

칭찬 반응별 맞춤형 대화 기술

사람은 누구나 칭찬을 받고 싶어 하지만, 정작 칭찬을 받았을 때의 반응은 사람마다 크게 다르게 나타납니다. 어떤 사람은 칭찬을 자연스럽게 받아들이며 기쁨과 자긍심, 동기를 얻지만, 또 어떤 사람은 칭찬에 부담을 느끼거나 어색해하며 오히려 불편함을 표현하기도 하지요. 때로는 칭찬을 지나치게 받아들여서 자신감이 과도하게 부풀기도 하고, 결국에는 자기 중심적인 태도로 변질되는 경우도 있습니다.

이러한 반응의 차이는 단순히 개인 성향 때문만이 아니라, 자존감 상태, 성장 과정에서의 경험, 사회문화적 가치관 등 여러 심리적·환경적 요소가 복합적으로 작용한 결과입니다. 따라서 칭찬이 진정한 긍정적 영향력을 발휘하려면, 상대의 반응을 섬세하게 읽고 이에 맞게 조절하는 태도가 필요합니다. 맞춤형 칭찬은 동기를 자극하고 정서적 유대를 강화하며, 더 나아가 개인의 성장과 조직의 협력 문화를 촉진하는 중요한 열쇠가 됩니다.

● 칭찬을 긍정적으로 받아들이는 경우

먼저, 칭찬을 자연스럽게 받아들이는 사람에게는 칭찬이 곧 동기 부여의 원천이 됩니다. 이들은 긍정적인 피드백을 받을 때 성취감과 자긍심을 느끼며, 그것을 다음 행동의 에너지로 전환합니다. 이때 가장 효과적인 전략은 즉각적인 칭찬입니다. 좋은 행동이나 성과가 나타난 직후에 곧바로 긍정적인 메시지를 전하면, 그 경험은 뇌에 긍정적으로 각인되고 반복하고 싶은 행동으로 강화됩니다.

만일 회의 중에 한 팀원이 날카로운 분석을 제시했다면,

> *"방금 제안 정말 훌륭했어요. 그 방향성 덕분에 전략이 명확해졌습니다."*

라는 말은 큰 힘이 됩니다. 또한 이러한 사람은 자주 칭찬을 받아

도 부담을 크게 느끼지 않기에, 일상적인 성과에도 꾸준히 긍정적 피드백을 주는 것이 효과적입니다. 반복되더라도 감정적인 언어보다는 구체적이고 다양한 표현으로 변화를 주는 것이 좋습니다.

더불어 단발적인 칭찬보다 일관성 있게 이어지는 인정과 격려는 자기 효능감을 높이며, 보다 주도적으로 과업에 몰입하도록 돕습니다. 이렇게 지속적으로 긍정적인 메시지를 전달하면, 상대는 스스로의 가치를 높이 평가하게 되고, 관계나 조직 내에서 긍정적인 리더로 성장할 가능성이 높아집니다.

● 칭찬을 불편함으로 받아들이는 경우

칭찬을 불편하게 느끼는 사람에게는 접근 방식이 달라야 합니다. 이들은 직접적인 칭찬에 대해 자신이 과하게 드러난다고 느끼거나, '내가 정말 그렇게 잘했을까?'라는 자기 의심으로 인해 칭찬을 온전히 받아들이지 못하는 경우가 많습니다. 이러한 경우에는 간접적이고 배려 깊은 표현이 필요합니다. 가령 "이번 프로젝트는 팀 전체가 잘 해낸 결과지만, 중간중간 주신 아이디어가 정말 방향을 잡는 데 도움이 됐어요."라는 표현은 부담 없이 기여를 인정받게 만드는 좋은 방법입니다.

또한 이들에게는 애매하거나 과장된 말보다, 신중하고 구체적인 언어로 평가를 전달하는 것이 중요합니다.

"이번 보고서에서 수치 간의 연관성을 정확히 짚은 점이
특히 인상 깊었습니다. 자료에 대한 진지한 접근이 느껴졌
어요."

이 같은 말은, 칭찬을 객관적인 피드백으로 인식하고 수용할 가
능성이 높아집니다.

이와 더불어 칭찬과 피드백 사이의 균형을 유지하는 것이 필요합
니다. 긍정적인 메시지 뒤에 부드러운 제안을 함께 전하는 방식은,
칭찬의 진정성을 지키면서도 성장의 방향을 함께 제시할 수 있습니
다. 예컨대 "일정 조율을 훌륭하게 하셨어요. 다음에는 조금 더 여
유 있게 계획을 짜 보시면 더 좋을 것 같아요."라는 방식은 상대를
자극하지 않으면서 발전을 유도합니다.

이들은 반복되는 칭찬에 오히려 부담을 느끼는 경향이 있으므
로, 한 번에 간결하고 진심 어린 표현으로 인정해 주는 것이 더 효
과적입니다.

● 칭찬을 과하게 받아들이는 경우

그런가 하면 칭찬을 과하게 받아들이는 경우, 즉 긍정적 피드백
에 쉽게 도취되어 자만으로 이어질 경우에는 균형 잡힌 칭찬이 중요
합니다. 이들에게는 공동체적 관점에서의 언어와 함께 책임감을 유
도하는 방식이 필요합니다.

"이번 프로젝트를 잘 이끌어 주셔서 팀원들이 더 안정감
을 느꼈습니다."

이러한 말은 개인의 성취를 인정하면서도 타인과의 연계를 강조
할 수 있는 표현입니다.

또한 이들에게는 적절한 수준의 기대치를 명확히 전달하는 것이
중요합니다. 지나친 극찬은 스스로의 위치를 과대평가하게 만들 수
있으므로, 현재의 성과를 인정하면서도 다음 과제를 제시하는 방식
이 바람직합니다. "이번에는 꼼꼼하게 준비하셔서 돋보였어요. 다음
에는 자료의 흐름을 더 간결하게 다듬는 방향도 고민해 보시면 좋
겠습니다."와 같이 말하면, 긍정적 강화와 성장 유도를 동시에 이룰
수 있습니다.

● **칭찬이 의도와 다르게 받아들여지는 경우**

간혹 칭찬이 의도와 다르게 받아들여지거나, 상대가 불편한 기색
을 보인다면, 그 의도를 다시 부드럽게 설명하는 것도 필요합니다.

"그때 드린 말씀은 정말 노력을 인정하고 싶어서였어요.
혹시 부담이 되셨다면 미안해요."

이러한 말 한마디는 오해를 줄이고 신뢰를 회복하는 데 큰 도움

이 됩니다.

또한 이전의 반응을 참고하여 다음 칭찬 방식을 조절하는 민감한 감수성도 중요합니다. 칭찬은 정서적 교감이기 때문에, 한 번의 반응으로도 다음 전략을 유연하게 다듬을 수 있어야 합니다. "앞으로는 좀 더 편하게 느끼실 수 있는 방식으로 기여를 인정해 드릴게요. 언제나 중요한 역할을 해 주시니까요."와 같은 말은 감정을 존중하면서도 진심을 지속적으로 표현하는 좋은 예입니다.

결국 칭찬은 '좋은 말' 이상의 의미를 지닌 소통입니다. 그것은 상대의 감정을 읽고, 그 감정의 흐름에 자연스럽게 말을 얹는 정서적 예술입니다. 같은 내용을 말하더라도 누구에게, 언제, 어떻게 말하느냐에 따라 그 효과는 달라집니다. 칭찬을 잘하는 사람은 사람의 마음을 읽고, 그 마음의 문을 부드럽게 열어 주는 사람입니다.

당신은 늘 조용히, 묵묵히,
자신보다 남을 먼저 챙기는 사람이죠.
누군가 힘들어 보이면 슬며시 말을 건네고,
어색한 분위기엔 먼저 웃음을 띄워 주는
그 배려 깊은 따뜻함이 참 인상 깊었습니다.

당신은 잘 모르겠지만,
당신 덕분에 위로받은 사람이
분명히 있을 거예요.

당신의 한마디, 당신의 눈빛, 당신의 존재 자체가
누군가에게는 하루를 버텨 내는
이유이자 힘이 되었을 테니까요.

작지만 진심을 담아,
그 마음 한 줌을 꼭 전하고 싶었습니다.
"당신은 참 좋은 사람입니다."
그 사실만큼은 꼭 기억해 주세요.

③ 사람을 이어 주는
칭찬의 기술

"사람들은 비판보다 칭찬에서 더 많은 것을 배운다."

– 존 우든

칭찬은 단순히 잘했다는 평가를 넘어, 사람과 사람 사이를 이어 주는 다리 역할을 합니다. 그런데 똑같은 칭찬이라도 어떤 방식으로 전하느냐에 따라 그 울림은 달라집니다. 때로는 구체적인 말이 힘이 되고, 때로는 짧은 한마디가 오랫동안 따뜻하게 남기도 하지요. 이번 장에서는 칭찬이 전해지는 다양한 방식들을 살펴보며, 그 속에 담긴 마음의 힘을 어떻게 더 잘 전달할 수 있을지 함께 나누고자 합니다.

구체적인 칭찬 & 일반적인 칭찬

칭찬의 두 가지 대표적인 방식인 구체적인 칭찬과 일반적인 칭찬의 차이를 살펴보고, 그 장단점과 활용 전략을 함께 정리해 보겠습니다. 칭찬에서 구체성을 띠어야 한다고 앞서 계속 언급했는데, 조금 더 깊이 들어가면 일반적인 칭찬이라고 해서 꼭 성의 없고 효과가 없는 것은 아닙니다. 이에 대해 여기서 좀 더 살펴보려고 합니다.

● 구체적인 칭찬: 내면의 힘을 이끌어 내는 도구

우선, 구체적인 칭찬은 방향성과 동기를 제시합니다. 구체적인 칭찬은 무엇을 잘했는지, 어떤 점이 특별했는지, 그 행동이 왜 가치 있었는지를 명확하게 짚어 주는 방식입니다. 이는 상대방이 스스로의 행동을 인식하고 반복하려는 동기를 가지게 만드는 강력한 자극이 됩니다.

예를 들어 "오늘 발표 정말 좋았어요."라는 말은 기분은 좋지만, 어떤 부분이 좋았는지 파악하기 어렵습니다. 반면 "오늘 발표에서 복잡한 통계를 도식화하신 부분이 정말 탁월했습니다. 듣는 이가 쉽게 이해할 수 있었어요."라는 말은 구체적으로 어떤 행동이 효과적이었는지를 알려 주며, 그 행동을 지속할 명확한 기준을 제공하게 됩니다.

이런 칭찬은 상대방의 자기 효능감을 높여 주고, 자율성과 책임감을 자극하는 내면의 힘을 이끌어 냅니다. 또한 구체적인 칭찬은 성장의 발판이 되기도 합니다. "이번 프로젝트에서 타 부서와의 조율을 부드럽게 하신 점, 전체 일정에 큰 영향을 주었습니다."라는 말은 단순한 결과보다 과정과 태도를 주목하며, 상대방의 고유한 기여를 명확히 부각해 줍니다.

구체적인 칭찬의 효과를 정리하면, 다음과 같습니다.

- 자기 인식과 동기 강화
- 바람직한 행동의 명확한 기준 제공
- 자기 주도적인 성장 유도
- 성과와 과정 모두에 대한 존중 표현

● **일반적인 칭찬: 유대감과 안정감 형성**

한편, 일반적인 칭찬은 정서적 유대와 안정감을 만듭니다. 일반적인 칭찬은 "잘하셨어요.", "대단하시네요.", "멋지십니다."처럼 간단하고 직관적인 표현을 중심으로 구성됩니다. 이 같은 칭찬은 정확한 행동 분석보다는 정서적 안정감, 감정적 공감, 부드러운 분위기 조성에 중점을 둔 소통 방식입니다.

특히 관계의 초기 단계나, 서로 잘 알지 못하는 사이에서는 구체적인 표현보다 이렇게 감정을 중심으로 한 칭찬이 더 유용할 수 있습니다. 예를 들어 처음 만난 분에게 "오늘 말씀 인상 깊었어요."

라는 표현은 낯섦을 줄이고 대화의 문을 여는 데 좋은 시작점이 됩니다.

하지만 일반적인 칭찬은 반복성이 높거나 피상적으로 느껴질 경우, 수용자가 "진심이 맞을까?"라고 의심하는 경우도 생깁니다. 또한, 정확한 행동에 대한 피드백이 부족하기 때문에 어떤 점을 계속 유지하거나 발전시켜야 하는지에 대한 방향성을 제공해 주지 못합니다.

일반적인 칭찬의 장점을 정리하면, 다음과 같습니다.

- 감정적 유대 형성
- 관계 초기의 거리감 해소
- 짧은 순간에 긍정적인 분위기 조성
- 의사소통의 문을 여는 역할

● **구체적인 칭찬과 일반적인 칭찬의 조화**

사실 두 칭찬 방식은 상호 보완적 도구입니다. 일반적인 칭찬은 관계의 시작점이 되고, 구체적인 칭찬은 그 관계를 깊이 있게 확장해 나가는 다리가 됩니다. 칭찬을 의식적으로 병행하여 사용하면, 상대방은 정서적으로 연결되어 있다는 안정감과 행동에 대한 명확한 인정을 동시에 경험하게 됩니다.

칭찬의 효과는 맥락과 의도에 따라 결정됩니다. 궁극적으로 칭찬의 효과는 어떤 형식을 택했느냐보다 어떤 맥락에서, 어떤 의도로, 어떤 타이밍에 전하느냐에 달려 있습니다. 상황에 맞게 진심을 담아 전해지는 칭찬은 단어 수보다 훨씬 더 큰 울림을 전달합니다.

- 구체적인 칭찬은 방향을 제시하고 성장의 발판을 마련
- 일반적인 칭찬은 관계의 문을 열고, 감정의 안전망을 제공
- 두 가지 칭찬을 병행할 때 관계는 깊어지고, 행동은 더 나은 방향으로 변화

공감적 칭찬 & 결과 기반 칭찬

이번에는 공감적 칭찬과 결과 기반 칭찬에 대해 살펴보겠습니다. 이 두 방식은 사용하는 단어의 무게, 전달되는 감정의 깊이, 그리고 상대에게 미치는 동기 유발의 성격이 전혀 다릅니다. 칭찬을 단순한 예의나 미사여구가 아닌 성장의 언어로 활용하고자 할 때, 이 두 축의 차이를 이해하고 균형감 있게 활용하는 것은 매우 중요합니다.

● 공감적 칭찬: 마음을 다독이고 과정을 존중하는 언어

공감적 칭찬은 단순히 결과나 성취보다 상대방의 감정, 노력, 과정 중의 도전과 인내에 초점을 맞춥니다. 때로는 성과가 뚜렷하지

않더라도, 그 사람이 기울인 마음과 태도, 혹은 실패 속에서도 포기하지 않았던 모습 자체가 큰 칭찬의 대상이 될 수 있습니다.

예를 들어 "그 프로젝트, 정말 쉽지 않으셨을 텐데 끝까지 책임지고 마무리해 주셔서 감사합니다. 정말 인상 깊었어요."라는 말은 단지 결과보다 그 안에 담긴 심리적 고투와 인간적인 가치를 바라봐 주는 태도에서 비롯됩니다.

이러한 공감적 칭찬은 특히 다음과 같은 상황에서 큰 힘을 발휘합니다.

- 성과는 부족했지만, 과정에서 충분한 노력을 기울였을 때
- 실수나 실패 이후 위로와 회복이 필요한 시점
- 자신감이 흔들리는 누군가에게 따뜻한 지지가 필요할 때
- 경쟁이 아닌 협력과 이해를 북돋우고자 할 때

이 방식은 상대로 하여금 심리적 안정감을 형성하고, '나는 이해받고 있다.', '내 마음이 존중받고 있다.'는 감정을 느낄 수 있도록 도와줍니다. 이는 곧 내재적 동기를 자극하고, 도전을 두려워하지 않게 해 주는 정서적 지지 기반이 됩니다.

● **결과 기반 칭찬: 성취를 명확히 인식시켜 주는 언어**

반면, 결과 기반 칭찬은 구체적인 성과나 가시적인 결과물을 중

심으로 이루어지는 방식입니다. 이 칭찬은 '어떤 행동이 어떤 결과로 이어졌는가'를 명확히 짚어 주기 때문에, 수용자께서는 자신의 기여가 인정받았다는 분명한 성취감을 얻게 됩니다.

예를 들어 "이번 보고서 정말 정리가 잘되어 있었습니다. 덕분에 회의가 한결 효율적으로 진행됐어요."라는 말에는 구체적인 행동에 대한 평가와 인정이 포함되어 있습니다. 이로 인해 상대방은 그 행동을 재현하고 싶은 동기를 자연스럽게 갖게 됩니다.

결과 기반 칭찬은 다음과 같은 환경에서 특히 효과적입니다.

- 목표 지향적 성과가 요구되는 직장 또는 프로젝트 상황
- 구체적인 핵심성과지표(KPI)나 업무 평가가 필요한 업무 환경
- 단기적 결과의 재현을 기대하는 경우
- 구성원 간 공정하고 명확한 인정이 필요한 조직 문화

이러한 칭찬은 외재적 동기를 강화하고, 상대방의 자기 효능감을 높이는 데 기여합니다. 또, 리더가 결과에 대해 적절히 인정해 줄 때 구성원은 책임감 있고 능동적인 자세를 갖게 되며, 다음 성과에 대한 기대감도 자연스럽게 형성됩니다.

● 공감적 칭찬과 결과 기반 칭찬의 조화

이 두 가지 칭찬 방식은 결코 어느 하나가 더 낫다고 말할 수 없습니다. 상황에 따라, 수용자의 감정 상태에 따라, 관계의 깊이나 조직 문화에 따라 적절하게 선택하고 조화롭게 사용하는 것이 중요합니다. 한, 한 가지 칭찬만으로는 아쉬울 때 두 방식을 복합적으로 활용할 수도 있습니다.

> *"이번 발표 준비 정말 쉽지 않으셨을 텐데, 끝까지 놓지 않고 준비하신 모습이 참 인상 깊었어요. 실제로 발표 내용도 아주 논리적으로 잘 정리돼 있었고, 고객 반응도 아주 좋았습니다."*

이러한 칭찬은 정서적 안정감과 성과의 인식, 두 가지를 동시에 만족시키며, 깊은 신뢰와 강한 동기를 함께 선물할 수 있습니다. 공감과 목표, 감정과 성과 사이에서 균형을 잡고, 말의 온도와 무게를 조절할 수 있을 때, 칭찬은 관계와 성장을 이끄는 강력한 소통의 기술로 자리 잡게 됩니다.

우리가 누군가에게 칭찬을 건네기 전, 잠시만이라도 상대방의 심리 상태와 맥락을 헤아린다면, 그 칭찬은 의미 있는 자극으로 전달될 수 있습니다. 그리고 그 순간, 관계는 더 깊어지고, 사람은 한 걸음 더 성장하게 됩니다. 그것이 칭찬이 가진 가장 인간적인 힘입니다.

오늘의 작은 칭찬이, 내일의 큰 힘이 될 수 있음을 기억하세요. 말과 마음이 만나 전해지는 칭찬은, 단순한 칭찬을 넘어 관계를 따뜻하게 만들고 서로를 성장시키는 힘이 됩니다. 오늘 건넨 한마디가 누군가의 하루를 밝히고, 내일 더 나은 모습으로 이어지는 씨앗이 되기를 바랍니다.

당신의 눈은, 이미 칭찬을 담고 있습니다.

"좋았어요"보다
"당신의 그 한 걸음이 인상 깊었어요"가
더 오래 기억되는 이유는,
마음이 담겨 있기 때문입니다.

당신이 더 세밀히, 더 따뜻하게 바라볼수록
칭찬은 단순한 말이 아니라,
누군가를 일으키는 감동이 됩니다.

쉽지 않은 삶 속에서도
아름다움을 발견하고 전할 수 있는 당신,
이미 충분히 귀하고 따뜻한 사람입니다.

당신의 눈이 머무는 곳마다
온기가 깃들기를 바랍니다.

④ 관계의 온도를 높이는
상황별 칭찬법

"칭찬은 사람의 능력을 끌어올리는 마법과도 같다."

– 조지 애덤스

다양한 상황에서의 칭찬,
왜 필요할까요?

사람과 사람이 만나는 모든 순간, 작은 말 한마디가 관계의 온도를 바꿀 수 있습니다. 칭찬은 단순한 격려가 아니라, 서로를 이해하고 신뢰하게 만드는 눈에 보이지 않는 다리와도 같습니다. 직장, 가정, 학교 등 어느 공간이든, 진심 어린 인정의 말 한마디는 작은 마음의 불씨가 되어, 하루를 조금 더 따뜻하게 만듭니다. 이번 장에서는 다양한 상황에서 칭찬이 어떻게 관계를 다지고, 마음을 움직이는지 살펴보겠습니다.

가족:
일상의 틈에서 피어나는 인정

요즘은 아침을 함께 먹는 집도 드뭅니다. 각자의 일정에 따라 일어나 간단히 시리얼이나 빵을 먹으며 휴대폰을 들여다보다가 집을 나서는 것이 일상이 되었지요. 예전처럼 도시락을 싸 주던 풍경이나, 신문을 함께 보던 모습도 이제는 쉽게 찾아보기 어렵습니다. 가족은 여전히 한 지붕 아래 살고 있지만, 서로를 바라보는 시간은 점점 줄어들고 있습니다.

고등학생 수진이네도 마찬가지였습니다. 아침에는 엄마보다 먼저 나가고, 저녁엔 각자 방에 틀어박혀 스마트폰을 보거나 숙제를 하느라 가족끼리 마주 앉는 시간이 거의 없었습니다. 그러던 어느 날, 수진이는 우연히 엄마가 카카오톡 프로필에 올린 글을 보게 되었습니다.

"오늘도 가족 밥상은 비워졌지만, 그래도 잘 지내고 있겠지."

그 문장을 보고 문득 마음이 아릿해졌습니다. 아침마다 식탁에 따뜻한 토스트를 놓아두고 나가시던 엄마, 아무 말 없이 수진이 방 앞에 간식을 조용히 두고 가시던 엄마의 모습이 떠올랐습니다. 그날 저녁, 수진이는 오랜만에 거실로 나와 어머니 옆에 앉았습니다. 그리고 조용히 말했습니다.

"엄마, 아침에 그 빵 진짜 맛있었어요. 바빠서 말 못 했는데⋯ 고마워요."

어머니는 놀란 듯 수진이를 바라보시다가 미소 지으셨습니다.

"그 말 듣고 싶었어."

그날 이후 수진이네 집에는 짧지만 따뜻한 말 한마디가 오가기 시작했습니다.

"오늘 일찍 일어났더라, 대단한데?"
"엄마, 요즘 얼굴이 좋아 보여요."
"아빠, 일하면서도 우리 챙겨 주셔서 고마워요."

그런 말들이 가족 사이의 공기를 천천히 바꿔 놓았습니다.

이제는 가족이 서로를 자주 마주 보지 않게 되었습니다. 각자의 스크린에 갇혀 감정은 묻히고 표현은 줄어들고 있습니다. 그래서 더욱 칭찬이 필요합니다. "너 정말 잘하고 있어.", "네가 있어서 든든해."와 같은 말들은 무심한 일상 속에서 서로를 다시 바라보게 만드는 신호입니다.

현대의 가족은 바쁘고 고립되기 쉬운 환경 속에 있지만, 그 안에서도 칭찬은 감정의 연결 고리를 회복시키는 힘이 있습니다. 짧은 말 한마디가 마음을 풀어 주고, 믿음을 만들며, 우리의 소중함을 다시 실감하게 만들어 줍니다.

요즘 같은 시대일수록, 칭찬은 사라져 가는 온기를 다시 되살리는 언어입니다. 그것이 꼭 거창할 필요는 없습니다.

"오늘 웃는 모습 보기 좋았어."

이 한마디가 가족이라는 관계를 다시 품게 만들어 줍니다.

학교,
아이들의 마음을 열어 주는 한마디

유진이는 매일 아침 등굣길이 불안했습니다. 발표를 잘하는 친구들, 숙제를 깔끔히 해 오는 아이들 사이에서 유진이는 늘 조용히 그림을 그리거나, 뒷자리에서 교과서를 읽는 아이였습니다. 그러던 어느 날, 담임 선생님이 아침 조회 시간에 말했습니다.

"오늘 아침에도 칠판을 깨끗이 지워 놓은 친구가 있어요. 누구인지 아세요? 유진이에요. 선생님은 매일 아침 그 정성 덕분에 기분 좋게 하루를 시작해요. 고마워요, 유진아."

순간 교실은 조용해졌습니다. 유진이는 얼굴이 빨개졌지만, 그날 하루 종일 마음이 따뜻했습니다. 친구들도 "유진이 멋지다.", "나도 내일부터 도와줄게요."라고 말해 주었습니다. 조용한 아이였던 유진이는, 칭찬 한마디로 모두의 긍정적인 시선을 받게 되었습니다. 그 날 이후, 유진이는 수업 시간에도 작은 발표를 시작했고, 그림을 칭찬받은 날에는 친구에게 스케치북을 건네기도 했습니다.

교실은 작은 사회입니다. 그리고 그 안에서 칭찬은 마치 가족의 따뜻한 말처럼, 학생들에게 심리적 안전감을 줍니다. 가정에서는 "오늘 밥 맛있었어요."라는 말이 어머니의 수고를 인정하는 것처럼, 학교에서는 "네 발표 듣고 이해가 더 쉬워졌어요."라는 말이 친구의 노력에 대한 존중이 됩니다.

가족이 매일 보는 존재인 만큼 칭찬에 인색해지는 것처럼, 교실에서도 자주 마주하는 친구나 선생님의 좋은 점을 당연하게 넘기기 쉽습니다. 그렇기에 학교에서도 칭찬은 '당연한 것을 다시 보게 해 주는 힘'을 가지고 있습니다.

선생님의 칭찬, 친구의 칭찬, 때로는 교무실에서 들려오는 짧은 한마디. 이 모든 것은 아이들에게 "여기서 당신은 중요한 사람이에요."라고 말해 주는 공감 어린 언어입니다. 아이들이 하루를 웃으며 마칠 수 있는 이유는 한 줄의 칭찬 속에서 자신을 다시 만나게 되기 때문입니다.

직장:

다시 시도할 수 있는 용기를 주는 온기

박 대리는 평소 조용하고 묵묵한 성격입니다. 늘 맡은 일을 성실히 해내지만, 특별히 주목받는 일도, 눈에 띄는 성과를 내는 일도 드뭅니다. 그러던 어느 날, 박 대리는 야근까지 해 가며 팀의 중요한 보고서를 마무리했고, 그 덕분에 부서 전체가 큰 프로젝트를 무리 없이 진행할 수 있었습니다.

그다음 날 아침 회의 시간, 팀장인 이 부장이 말했습니다.

> *"어제 보고서 정말 깔끔하게 정리됐더군요. 박 대리 덕분에 우리 팀이 준비된 느낌을 받을 수 있었습니다. 고맙습니다."*

말은 짧았지만, 회의실에 앉아 있던 박 대리는 순간 눈이 커졌습니다. 별일 아닌 듯 지나갈 수도 있었던 일이었지만, '내가 한 일이 누군가에겐 의미가 있었구나!' 하는 생각에 마음이 뜨거워졌습니다.

그날 오후, 박 대리는 같은 팀의 신입사원에게 먼저 다가가 말했습니다.

"이번 주 업무 일정이 어렵다면 같이 나눠 보죠. 처음엔 다 그런 거니까요."

작은 칭찬은 책임감을 낳았고, 책임감은 협력을 이끌었습니다. 그렇게 팀 안에는 조금씩 온기가 돌기 시작했습니다.

직장은 성과와 평가의 연속입니다. 그 안에서 사람들은 늘 비교당하고, 스스로를 방어하게 됩니다. 이럴 때 "당신의 노력이 의미 있었습니다."라는 말은 존재의 가치를 확인시켜 주는 언어가 됩니다.

때로는 "보고서 잘 읽었습니다. 설명이 쉬워서 큰 도움이 되었어요."라는 동료의 말, "오늘 프레젠테이션, 정말 매끄러웠습니다."라는 선배의 한마디, "지난번 피드백 반영해 주셔서 감사해요."라는 후배의 메시지가 사람을 하루 더 버티게 만듭니다.

직장인은 가족처럼 매일을 함께 보내지만, 관계는 그만큼 쉽게 소모되기도 합니다. 피로한 하루 속에서 누군가를 알아보고 인정하는 말은, 마치 집에서 따뜻한 국 한 그릇을 받는 것처럼 정서적 에너지를 회복시키는 힘이 있습니다.

칭찬은 누군가를 높이려는 말이 아닙니다. 오히려 그 사람의 노력과 가치를 투명하게 바라보는 시선의 표현입니다. 칭찬이 오가는 조직에서는 실수가 줄어드는 것이 아니라, 실수를 해도 다시 시도할 수 있는 용기가 자라납니다. 그렇게 직장도 사람이 머물고 싶은 곳이 되어 갑니다.

친구:
오래된 관계를 이어 주는 작은 격려

민정과 수현은 중학교 때부터 알고 지낸 오랜 친구였습니다. 같은 반에서 시작된 우연한 인연은 고등학교와 대학을 함께 지나며 '찐친'이라 불릴 만큼 깊어졌습니다. 이처럼 어릴 적엔 매일같이 웃으며 지냈던 두 사람도, 사회인이 된 이후에는 서로의 바쁜 일상 속에서 조금씩 멀어지는 느낌을 받게 되었습니다.

어느 날 민정은 오랜만에 만난 수현에게 말했습니다.

"너 진짜 대단하다. 직장 다니면서도 글 계속 쓰고, 책까지 낸 거 너무 멋져."

수현은 잠시 멈칫하더니, 살짝 웃으며 말했습니다.

"사실 요즘 너무 지치고, 내가 잘하고 있는 건지도 모르겠더라. 그런데 너한테 그런 말 들으니까 힘이 나. 고마워."

그 짧은 말 한마디로 인해 두 사람의 관계는 다시 예전처럼 좋아졌습니다. 그날 이후 두 사람은 서로의 일상을 더 자주 응원하고, 소소한 성취에도 기꺼이 박수를 보내는 사이가 되었습니다.

친구 관계는 어릴 때는 자연스럽게 이어지지만, 시간이 흐르면서 점점 유지하기 어려워집니다. 각자의 삶이 바빠지고, 감정 표현은 서툴러지며, 무심코 지나친 말들로 인해 소원해질 수 있습니다. 이럴 때 칭찬은 친구 관계의 방향을 다시 부드럽게 되돌리는 나침반이 됩니다.

"너 진짜 잘 참았어."
"그런 생각을 하다니, 역시 너답다."
"네 말 듣고 나니까 나도 용기 생겼어."

　이러한 말들은 친구 사이의 신뢰를 더 깊게 만들어 줍니다. 단순한 '잘했어', '멋지다'라는 말이 아니라, "나는 너를 보고 있고, 너의 노력을 알고 있어요."라는 메시지를 담고 있기 때문입니다.

　때로는 친구의 말보다 세상의 말이 더 큰 상처가 될 때가 있습니다. 하지만 반대로, 친구의 말 한마디가 그 모든 상처를 덮고도 남습니다. 칭찬은 그런 말입니다. 비유하자면, 말로 전하는 작은 꽃다발입니다. 친구 사이의 칭찬은 위로를 넘어 자신감을 회복시켜 주며, 감정을 나눌 수 있는 정서적 안전지대를 만들어 줍니다. 그렇게 칭찬은 친구 관계의 유효기간을 연장시켜 주는 가장 따뜻한 기술입니다. 그 한마디가 관계를 살리고, 서로의 삶에 다시 햇살을 들게 만듭니다.

공공기관:
보이지 않는 곳에서도 울리는 칭찬

공공기관에서의 칭찬은 조직 전체의 책임감과 신뢰, 그리고 공공의 가치를 지켜 가는 문화를 만들어 가는 중요한 열쇠입니다.

예를 들어 보겠습니다. 서울시청 민원실에서 근무하는 정은경 주무관은 매일같이 쏟아지는 민원 전화와 방문 민원인들의 다양한 요구를 응대하고 있었습니다. 어떤 날은 부당한 언사에 마음이 무너질 때도 있고, 하루 종일 아무도 고맙다는 말을 하지 않은 채 퇴근하는 날도 많았습니다.

하지만 어느 날 민원 업무를 마치고 돌아가는 길에 한 어르신이 남긴 말 한마디가 그녀의 하루를 바꾸었습니다.

> *"이런 말 해도 될지 모르겠지만, 아가씨가 이렇게 친절하게 설명해 주니까 마음이 놓여요. 고마워요."*

짧은 그 말이 그녀의 마음에 오래도록 남았습니다. 그날 이후 정은경 주무관은 같은 업무라도 좀 더 따뜻한 마음으로 응대하게 되었고, 팀장 역시 민원 만족도에 대한 긍정적 피드백을 팀 회의에서 전하며 그녀를 칭찬했습니다.

공공기관에서의 일은 수치화된 성과보다 지속적인 공익 실현과

시민 만족을 지향하는 특성이 있습니다. 이런 조직일수록 구성원 개인이 맡은 바 업무에 자부심을 느끼고 소명을 지키도록 동기를 부여하는 내면의 힘이 중요합니다. 그 내면의 힘은 종종 칭찬이라는 따뜻한 피드백에서 비롯됩니다.

특히 공공기관은 상명하복 문화나 경직된 분위기 속에서 칭찬의 빈도가 낮을 수 있습니다. 하지만 바로 그렇기 때문에, 작은 칭찬의 말이 주는 정서적 울림은 훨씬 더 깊고 오래갑니다.

칭찬은 공공기관 내에서도 심리적 안정감과 자긍심, 그리고 시민을 향한 진정성 있는 서비스 정신을 키우는 에너지입니다. 그 말 한마디는, 지친 공직자에게 보람을 느끼게 해 줍니다. 공공의 일을 감당하는 사람들에게 그보다 더 필요한 동기 부여가 또 있을까요?

병원:
치유의 순간에 함께하는 인정

병원은 생명과 건강이 오가는 곳입니다. 환자의 고통과 보호자의 불안, 의료진의 긴장과 책임감이 교차하는 공간이라, 작은 말 한마디가 더 중요합니다. 칭찬은 하루의 감정을 바꾸고, 때로는 사람의 삶을 지탱해줍니다. 그 작은 말 한마디가 바로 칭찬입니다.

병원에서 근무하는 간호사 박지현 씨는 매일 수십 명의 환자를 돌봅니다. 주사 하나, 혈압 측정 하나, 약 설명 하나에도 신중함을 기울여야 하죠. 하지만 그 고단한 일과 끝에는 칭찬보다는 불만 가득한 요청이 더 먼저 오는 경우도 많습니다. "왜 이렇게 늦어요?", "아직도 약 안 줬어요?"라는 말은 익숙하지만, "고맙습니다.", "오늘도 덕분에 안심하고 치료받아요." 같은 말은 오히려 낯설고 드뭅니다.

그런데 어느 날, 암 병동의 한 중년 여성 환자가 그녀의 손을 꼭 잡으며 말했습니다.

> "간호사님, 오늘 하루 참 수고 많으셨어요. 제가 많이 힘
> 들었는데, 당신이 있어서 참 든든했어요."

그 말에 박지현 씨는 울컥했고, 다음 날 피곤한 몸으로 출근하면서도 그 말이 자꾸 마음속에서 되살아났습니다. 병원에서의 칭찬은 치유의 일부가 됩니다. 환자에게는 자신의 회복 과정에 대한 긍정적 메시지가 되고, 의료진에게는 '내가 하는 일이 누군가에게 진짜 의미가 있구나!'라는 존재의 이유와 자부심이 됩니다.

- 의사에게 "정말 친절히 설명해 주셔서 믿음이 생겼어요."
- 물리치료사에게 "제 걸음걸이가 조금씩 달라지는 게 느껴져요. 고맙습니다."

– 청소 직원에게 "항상 병실이 이렇게 깨끗하니 마음이 편해져
　요."

　이런 칭찬 한마디는 직무에 관계없이 모두에게 존중과 격려로 다
가갑니다. 병원은 치료의 공간이지만, 그 치료는 의약품과 시술만
으로 이루어지지 않습니다. 사람과 사람이 나누는 말, 감정, 존중이
함께 어우러질 때, 비로소 진짜 회복이 시작됩니다. 그 시작은 언제
나, "오늘도 감사합니다. 당신 덕분입니다."라는 짧은 칭찬에서부터
시작됩니다.

봉사단체:
헌신을 더 깊게 만드는 마음의 선물

　봉사란 대가 없이 누군가를 위해 시간과 에너지를 나누는 일입니
다. 그러나 '대가 없이'라는 말은 '보람 없이'라는 뜻이 아닙니다. 오히
려 봉사 활동은 사람의 진심과 헌신이 담긴 일이기에, 그 노력이 제
대로 인정받을 때 더 깊은 감동과 동기를 만들어 냅니다.

　서울의 한 노인복지관에서 10년 넘게 무료급식 봉사를 이어 오는
정미화 씨는 이렇게 말합니다.

　"제가 잘해서가 아니라, 필요한 누군가에게 따뜻한 밥 한 끼를 드

린다는 그 마음이 좋아서 계속하고 있어요. 그런데 가끔 어르신 한 분이 '오늘 반찬이 참 맛있네. 손맛 최고야.'라고 말해 주시면요…. 그 말이 마음에 한참 남아요. 괜히 더 신나서 설거지도 두 배로 하게 돼요."

봉사자에게 금전적 보상은 없지만, 칭찬은 그보다 오래가는 감정적 보상입니다.

'당신 덕분에 오늘이 따뜻했어요.'

이 한 문장이 봉사의 의미를 명확하게 해주 고, 반복되는 노동 속에서 자칫 지칠 수 있는 마음을 다시 일으켜 세웁니다. 또한 봉사 단체 안에서는 구성원 간의 협력과 팀워크가 중요하기에, 서로를 향한 작은 칭찬이 조직 문화 자체를 건강하게 만듭니다. 칭찬 한마디만으로도 '나도 이 팀에 꼭 필요한 존재구나!'라는 소속감을 얻을 수 있습니다.

청소년 봉사자나 처음 참여한 자원봉사자도 "첫날인데 너무 잘하셨어요.", "다음에 또 함께해 주세요. 정말 힘이 됐어요."라는 말을 들으면, 처음의 긴장과 낯섦이 사라지고, 봉사에 대한 긍정적 기억으로 남게 됩니다.

봉사는 타인을 위한 일이지만, 그 안에 있는 사람들의 마음도 함께 돌봐야 오래 지속될 수 있습니다. 그리고 그 마음을 돌보는 가장 쉬우면서도 깊은 방법이 바로 진심 어린 칭찬입니다. 칭찬이야말로 세상을 조금 더 따뜻하게 만드는 봉사의 진짜 힘과도 맞닿아 있습니다.

군대:
규율 속에서 피어나는 사기와 자부심

군대는 명령과 규율이 중심이 되는 조직입니다. 계급이 존재하고, 복종이 우선되어야 하며, 체계와 규칙을 벗어날 수 없는 환경이지요. 그러나 그 안에 있는 사람들도 누구나 '인정받고 싶고', '존중받고 싶고', '잘하고 있다는 말을 듣고 싶어 하는 존재'입니다.

현역 시절 부사관이었던 김정훈 상사는 후임 병사들에게 자주 이렇게 말했습니다.

> *"명령은 의무를 강요하지만, 칭찬은 책임을 자발적으로 선택하게 만든다."*

그의 말처럼 한마디 칭찬은 지시보다 훨씬 강한 내면의 동기를 만들어 냅니다. 예를 들어, 훈련 중 열심히 움직이며 동료들을 챙긴 병사에게 "야, 너 오늘 진짜 고생 많았다. 네가 있어서 우리 분대 분위기 살았다."라고 말하는 것과, 아무 말 없이 다음 임무를 주는 것은 그다음 행동의 질에 확연한 차이를 만듭니다.

칭찬은 군대라는 특수한 조직 안에서 '사기를 높이는 비결'이기도 합니다. 하루에도 수차례 반복되는 훈련, 무더위 속의 작업, 긴장된 대기 시간…. 그 속에서 "잘했어.", "네 덕분에 수월했어.", "앞으로도 믿고 맡길게." 같은 말 한마디는 삶 전체가 고된 병사에게 '나는 누군가에게 필요한 존재'라는 뿌듯함과 함께 감정적 위로를 줍니다. 특히 신병이나 처음 입대한 훈련병에게는 작은 일에도 칭찬을 아끼지 않는 태도가 중요합니다.

"너 오늘 처음인데도 잘 따라오네. 감각이 있네."

이렇게 짧고 가벼운 말도 긴장감을 풀고, 자존감을 높이며, 공동체 적응에 큰 도움이 됩니다.

반대로, 군대에서 칭찬이 사라지면 어떻게 될까요? 병사들은 자신이 아무리 노력해도 인정받지 못한다고 느끼게 되고, 결국 책임감이나 주도성은 사라지고 '시킨 것만 겨우 해내는 분위기'로 변합니다. 그 결과 협력은 약해지고 사기 저하로 이어지며, 장기적으로는 전투력이나 조직 효율성에도 악영향을 미칠 수 있습니다.

군대라고 해서 칭찬이 사치가 되는 것이 아닙니다. 오히려 감정을 통제해야 하는 특수한 조직일수록, 사람의 마음을 움직이는 칭찬이야말로 가장 강력한 리더십의 도구가 될 수 있습니다. "충성!"이라는 경례보다 먼저, "수고했어."라는 말이 마음에 울릴 때 군대는 더 안전하고, 더 따뜻하며, 더 강한 조직으로 거듭날 수 있습니다.

칭찬은 특별한 기술이나 거창한 말이 아닙니다. 그저 상대의 마음을 들여다보고, 작은 성취와 노력에 손을 내미는 것만으로도 충분합니다. 오늘 건넨 칭찬이 내일 누군가의 용기가 되고, 작지만 확실한 변화를 만들어 내는 씨앗이 됩니다. 칭찬은 그렇게 우리 일상 속에서 사람과 사람을 이어 주는 가장 인간적인 힘입니다.

따뜻한 마음 한 줌, 당신께 드리는 작은 칭찬

지금까지의 내용을 성실히 읽어 오신 당신,
그 자체로 이미 누군가에게
따뜻한 사람이 되어 가고 있다는 증거입니다.

당신이 진심을 담아 배우려는 그 태도는
누군가의 마음을 알아주고,
상처를 감싸며,
작은 기적을 일으킬 수 있는 힘을 지녔습니다.

세상을 바꾸는 건
거대한 이론이 아니라,
지금 이 순간, 따뜻한 한마디를 실천하려는
당신의 마음입니다.

당신의 그 조용한 다짐이,
오늘도 누군가의 삶에
햇살처럼 스며들길 바랍니다.

3부

" · · · · · · · · · · · · · · "

함께 만들어 가는
칭찬 문화

① 칭찬 잘하고
잘 받는 사람들의 특징

"누군가를 진심으로 칭찬할 때,

우리는 그 사람에게 날개를 달아 주는 것이다."

– 마크 트웨인

칭찬은 주는 사람과 받는 사람, 두 마음이 만나야 비로소 완성됩니다. 진심 어린 말이 전해질 때, 그것을 따뜻하게 받아들이는 태도까지 더해진다면, 칭찬은 단순한 말이 아니라 서로를 성장시키는 선물이 됩니다. 이 장에서는 칭찬을 잘하는 사람과 잘 받는 사람, 그들의 특별한 공통점을 함께 살펴보겠습니다.

칭찬을 잘하는 사람들의 특징

칭찬을 잘하는 사람들은 상대방을 진심으로 바라보고, 그 안에서 가치를 발견하며, 따뜻한 언어로 그 가치를 표현할 줄 아는 사람들입니다. 그들의 칭찬은 듣는 사람의 마음을 움직이고, 행동을 변화시키며, 관계를 더욱 단단하게 만들고자 하는 진심에서 비롯됩니다. 이러한 사람들은 몇 가지 공통적인 특징을 지니고 있으며, 그 특징은 다음과 같은 태도와 실천을 통해 드러납니다.

● 경청하는 자세

가장 먼저 눈에 띄는 특징은 경청입니다. 칭찬을 잘하는 사람은 먼저 말하기보다 잘 듣는 데에 능숙합니다. 상대방이 어떤 고민을 안고 있는지, 어떤 노력을 기울였는지를 조용히 듣고 깊이 이해하려는 자세는 그 자체로 존중의 표현이며, 그 안에서 건져 올리는 칭찬은 깊은 울림을 남깁니다. 상대의 말을 끊지 않고 끝까지 들어 주고, 그 과정에서 감정에 공감해 주는 태도는 단순한 정보 수용을 넘어 관계를 맺는 본질적인 행동이라 할 수 있습니다. 그들은 겉으로 드러난 결과보다, 그 결과에 이르기까지의 동기와 감정, 배경을 먼저 읽어 내고 그것을 칭찬의 출발점으로 삼습니다.

● 성과보다 태도에 주목

또한, 이들은 칭찬을 통해 상대에게 동기를 부여합니다. 단기적인 성과만을 칭찬하기보다는 그 사람이 지닌 가능성, 성장의 흐름, 발전의 태도에 더 주목합니다.

● 뛰어난 관찰력

칭찬을 잘하는 사람들은 또한 관찰력이 뛰어납니다. 이들은 사람들의 크고 작은 행동을 잘 놓치지 않으며, 겉으로 드러나지 않은 배려나 수고를 민감하게 포착합니다. 팀 회의 전에 조용히 자리를 정리해 놓은 동료, 동료의 발표를 꼼꼼히 메모하던 신입의 자세까지도 의미 있게 바라보며, "그 행동이 팀에 얼마나 도움이 되었는지"를 정확히 짚어 냅니다. 이처럼 관찰에서 시작된 칭찬은 그 사람의 '있는 그대로의 가치'를 인정하는 언어로 작용합니다.

● 구체적인 맥락과 감정을 짚는 능력

이들은 사람의 강점을 정확하게 짚어 내는 능력도 가지고 있습니다. 누구에게나 특별한 능력이나 성향이 있다는 것을 믿으며, 그것을 세심하게 관찰한 뒤 언어로 구체화합니다. 예를 들어 "감정이 격해진 상황에서도 팀원들의 이야기를 침착하게 정리해 주시더라고요. 그 점이 정말 인상 깊었습니다."와 같이 구체적인 맥락과 강점을 함께 짚어 주는 것이 그들의 방식입니다. 칭찬은 거울처럼 상대방이 미처 보지 못한 자신의 가치를 비추는 도구이며, 칭찬을 잘하는 사람은 그 거울을 매우 정교하게 다룰 줄 압니다.

● 칭찬의 일상화

그들의 칭찬은 무엇보다도 자연스럽습니다. 특별한 장면이나 공식적인 자리에서만 칭찬을 하는 것이 아니라, 일상의 흐름 속에서 가볍게 건네는 말 속에 진심이 스며 있습니다. 퇴근길 엘리베이터에서 "오늘 중간에 도와주셔서 진짜 큰 도움이 됐어요."라고 말하는 모습, 점심시간 동료에게 "회의 때 그 질문 덕분에 논의가 훨씬 명확해졌어요."라고 전하는 모습처럼 칭찬은 일상이 되고, 문화가 됩니다.

● 성과가 아닌 사람을 보는 섬세함

그리고 이들은 항상 성과가 아니라 사람 그 자체를 바라보며, 결과가 좋지 않았을 때조차 그 안에 담긴 마음과 노력을 인정할 줄 압니다. 결과가 아닌 과정에 집중한 칭찬은 상대방의 마음을 지지하고, 신뢰를 심어 주는 표현이 됩니다. 칭찬은 결국, 말이 아니라 사람을 향한 진심입니다.

칭찬을 잘 받는 사람들의 특징

칭찬은 주는 사람만이 아니라 받는 사람의 태도에서도 빛을 발합니다. 칭찬을 잘 받는 사람들은 단순히 말로만 감사할 줄 아는 이들이 아닙니다. 그들의 내면에는 칭찬을 자연스럽게 받아들이고, 그것을 성장의 에너지로 바꿀 수 있는 성격과 성향이 자리 잡고 있습니다. 그렇다면 칭찬을 잘 받는 사람들에게는 어떤 공통점이 있을까요?

● 긍정적인 태도

무엇보다 이들은 긍정적인 성향을 가지고 있습니다. 스스로를 과소평가하지도, 과도하게 자랑하지도 않습니다. 다른 사람이 건넨 칭찬을 "그럴 만한 가치가 있다."라고 마음속으로 받아들이는 안정감이 있습니다. 이런 긍정적인 태도는 상대방의 말을 있는 그대로 존중하게 만들고, 칭찬을 관계의 다리로 삼을 수 있게 합니다.

● 균형 잡힌 겸손

또한 이들은 겸손하면서도 자신을 존중하는 성격을 지니고 있습니다. 칭찬을 받았을 때 "제가 한 건 아무것도 아니에요."라며 부정하기보다는, "말씀해 주셔서 감사합니다. 함께해 주신 덕분입니다."라고 반응합니다. 즉, 자기 공을 과장하지 않으면서도 스스로의 노력을 부끄러워하지 않습니다. 이런 균형 잡힌 겸손은 오히려 주변 사람들에게 신뢰와 호감을 주는 힘이 됩니다.

● 개방적이고 유연한 마음

칭찬을 잘 받는 사람들에게는 개방적인 성향도 있습니다. 그들은 칭찬뿐 아니라 피드백에도 마음을 열어 둡니다. 비판을 자존심의

칭찬의 온도

상처로 여기지 않고, 더 나아지기 위한 기회로 받아들입니다. 칭찬 역시 '끝났다'는 만족감이 아니라, '더 발전할 수 있다'는 가능성으로 전환합니다. 개방적이고 유연한 마음은 칭찬을 자기 성장의 자양분으로 만드는 중요한 성향입니다.

● 관계 지향적인 성격

그리고 이들은 공감적이고 관계 지향적인 성격을 갖고 있습니다. 자신이 칭찬받았을 때 혼자만의 성취로 머물지 않고, 함께한 사람들의 기여를 인정합니다. "덕분이에요.", "같이 해서 가능했어요."라는 말은 관계를 더욱 단단히 묶어 줍니다. 이런 태도는 상대에게 존중받는 경험을 선물하고, 공동체 속에서 신뢰를 키우는 힘이 됩니다.

● 성장 지향적인 자세

마지막으로, 칭찬을 잘 받는 사람들은 성장 지향적인 성향을 가지고 있습니다. 칭찬을 받는 순간을 끝으로 여기지 않고, 오히려 새로운 출발점으로 삼습니다. 칭찬 속에서 자신이 잘한 부분을 확인하고, 동시에 다음 단계로 나아갈 과제를 스스로 찾아냅니다. "이번에는 좋았지만 다음에는 더 보완해야겠다."라는 태도는 그들의 내적 성숙함을 보여 줍니다.

칭찬을 잘 받는 사람들은 칭찬을 단순히 기분 좋은 말로 여기지 않고, 관계를 더 따뜻하게 하고 자신을 더 성숙하게 만드는 기회로 바꾸는 사람들입니다. 그래서 우리는 이들과 함께할 때 편안함을 느끼고, 자연스럽게 다시 칭찬을 건네고 싶어집니다.

칭찬하기의 기술:
자기 칭찬과 타인 칭찬의 조화

칭찬은 단지 누군가를 기쁘게 하는 말에 그치지 않습니다. 그것은 한 사람의 내면을 북돋우고, 동시에 사람과 사람 사이의 관계를 풍요롭게 만들어 주는 따뜻한 언어입니다. 특히 자기 자신을 향한 칭찬과 타인을 향한 칭찬이 조화롭게 이루어질 때, 개인은 더 단단하게 성장하고, 공동체는 더욱 따뜻한 신뢰의 울타리 안에서 건강한 방향으로 나아갈 수 있습니다.

● 자기 칭찬: 자존감 향상과 내적 동기 부여

사람은 누구나 인정받기를 원합니다. 그것은 타인으로부터뿐만 아니라, 자신으로부터의 인정도 마찬가지입니다. 자기 칭찬은 자아 존중감과 자기 효능감을 높이는 데 매우 효과적인 방식입니다. "나는 나의 수고를 알고 있다."는 감각은 때로 외부의 평가보다 더 오래 지속되는 내적 동기 부여로 작용합니다. 실제로 하루의 끝에서 "오늘은 좀 괜찮았어.", "이 일만큼은 잘 해낸 것 같아."라는 말 한 마디는 스스로를 존중하고 다시 내일로 나아갈 수 있는 힘을 길러 줍니다.

자기 칭찬을 실천하기 위한 방법 중 가장 기본적이면서도 실용적인 것은 바로 기록입니다. 하루를 마무리하며 일기나 메모에 자신이 잘한 점을 한두 가지씩 정리하는 루틴은, 내면을 돌아보게 하고 자존감을 회복시켜 줍니다. 단, 이때 "열심히 했다."는 식의 막연한 표현보다는, "오늘 회의에서 내 아이디어를 조리 있게 설명해서 팀원들이 빠르게 이해할 수 있었다."와 같이 구체적인 행동과 상황을 함께 떠올리는 것이 효과적입니다.

또한 자기 칭찬은 결과보다 과정을 바라보는 시선에서 더욱 진가를 발휘합니다. 결과가 만족스럽지 않더라도 "끝까지 포기하지 않고 시도한 내 태도는 괜찮았어."라는 자기 언어는, 실패를 배움의 과정으로 받아들이고 다음 도전을 위한 심리적 여유를 선사합니다. 이처럼 자기 칭찬은 완벽한 사람이 되기 위한 도구가 아니라, 불완전한 자신을 있는 그대로 인정하고 다독이는 지혜입니다.

● 타인 칭찬: 신뢰와 협업의 기반

반면, 타인을 향한 칭찬은 관계의 온도를 높이고 신뢰를 다지는 언어입니다. 조직이나 사회에서 타인에게 건네는 진심 어린 칭찬은 단순한 예의를 넘어, 상대방의 존재와 기여를 존중한다는 신호가 됩니다. 특히 구체적이고 맥락이 담긴 칭찬은 그 사람의 노력과 가치를 인정받았다는 감정을 선명하게 전달합니다. 예를 들어, "오늘 회의 마무리 발언 덕분에 논의 방향이 명확해졌어요. 정말 핵심을 잘 짚어 주셨습니다."라는 표현은 진정성 있는 피드백이자, 협업의 기반을 더 튼튼하게 만들어 주는 연결의 말입니다.

타인에 대한 칭찬이 겉도는 형식이 되지 않기 위해서는, 그 사람의 구체적인 행동과 태도를 주의 깊게 바라보는 시선이 필요합니다. 우리는 흔히 "고생하셨어요.", "잘하셨어요."라고 말하지만, 이보다 중요한 것은 "어떤 점이 인상 깊었는지"를 구체적으로 이야기하는 것입니다. 그런 표현은 단순한 격려를 넘어서, 상대방에게 "나는 당신을 잘 보고 있습니다."라는 존재의 확인을 건네는 깊은 언어가 됩니다.

● **자기 칭찬과 타인 칭찬의 조화**

자기 칭찬과 타인 칭찬의 조화를 잘 이루는 사람은 말의 주어를 바꾸는 데에 익숙합니다. "내가 잘했다."는 인식을 갖되, "우리 팀의 도움이 없었다면 어려웠을 것 같아요."라고 말할 수 있는 유연함, 그것이 균형 잡힌 칭찬의 언어입니다. 이런 태도는 자만과 과도한 겸손 사이의 건강한 중심을 지켜 주며, 본인을 인정하면서도 타인의 공헌을 진심으로 바라볼 수 있는 성숙한 시선을 만들어 줍니다.

조직 차원에서는 자연스럽게 이를 실천할 수 있는 환경을 조성하는 것이 중요합니다. 회의나 브리핑 자리에서 구성원이 스스로의 기여를 자랑스럽게 언급하고, 동시에 협력한 동료들에게 고마움을 전할 수 있는 분위기를 형성하는 것입니다.

> "이번 프로젝트에서 제가 맡은 분석이 큰 축이 되었고,
> 특히 A팀의 자료 지원 덕분에 완성도를 높일 수 있었습니다."

이러한 표현은 건강한 자기 칭찬과 타인 칭찬이 함께 어우러진 언어의 좋은 예가 됩니다. 물론 처음에는 어색할 수 있습니다. 그러나 반복되는 실천을 통해 조직 안에 자기 인식과 상호 인정이 살아 있는 언어 습관이 자리 잡게 되고, 이는 곧 조직 문화의 일부가 됩니다. 또한 이런 문화는 구성원들이 서로에게 더 따뜻한 시선을 갖게 만들며, 공동체의 유대를 더욱 견고하게 다져 줍니다.

칭찬은 자신을 긍정하는 용기이자, 타인을 존중하는 태도이며, 사람과 사람의 마음을 연결하고 공동체를 성숙하게 이끄는 언어입니다. 자기 칭찬과 타인 칭찬이 균형 있게 흐르는 환경에서는 누구도 감춰지지 않고, 누구도 과도하게 내세워지지 않으며, 모두가 서로를 응원하며 함께 성장해 나갈 수 있습니다.

그 변화는 멀리 있지 않습니다. 오늘 스스로에게, 그리고 옆 사람

에게 건네는 한마디의 칭찬에서부터 시작됩니다.

칭찬하는 것만큼 중요한 칭찬받기의 기술

우리는 보통 '어떻게 칭찬할까?'에 더 신경을 씁니다. 하지만 정말 중요한 것은 '그 칭찬을 어떻게 받아들이느냐'입니다. 칭찬은 누군가가 마음을 담아 건네는 선물과 같습니다. 그 선물을 어떻게 받느냐에 따라 관계의 온도가 달라지고, 깊이도 달라집니다. 칭찬을 잘 받는 태도는 단순히 예의 있는 행동이 아니라, 관계를 성숙하게 만들고 나 자신을 성장시키는 힘이 됩니다.

● 칭찬을 반감시키는 겸손의 함정

많은 사람들이 칭찬을 받으면 습관처럼 겸손을 앞세웁니다.

"아니에요, 별거 아니에요."

"운이 좋았을 뿐이에요."

"저는 아직 부족합니다."

이런 말들은 겸손처럼 보이지만, 사실 상대의 진심을 무시하는 결과가 되기도 합니다. 칭찬은 누군가가 용기를 내어 표현한 따뜻한 마음인데, 그 순간 부정적인 말로 흘려 버리면 '내 말이 가볍게 여겨졌구나.'라는 인상을 주게 됩니다. 마치 정성껏 준비한 선물을 받자

마자 "이건 필요 없어요."라고 말하는 것과 비슷하지요. 관계를 깊게 만들 수 있는 기회를 놓쳐 버리고 마는 것입니다.

그리고 이는 자칫 '나는 그런 말 들을 자격 없어.'라는 자기 비하로 연결될 수도 있습니다. 칭찬을 들을 자격은 '완벽해서'가 아니라, 있는 그대로의 나를 잘 해내고 있는 그 순간에 있음을 인식해야 합니다.

진짜 겸손은 칭찬을 부정하는 것이 아닙니다. 오히려 상대가 내 노력을 의미 있게 봐주었다는 사실을 인정하고 존중하는 것입니다. 내가 보기엔 별것 아니더라도, 누군가에게는 큰 힘이 되었을 수 있습니다. 그렇다면 이렇게 말하는 것이 더 바람직합니다.

> "말씀해 주셔서 감사합니다. 도움이 되었다니 저도 기쁘네요."

이것이야말로 진정한 겸손입니다. 자신을 낮추는 것이 아니라, 상대의 마음을 존중하는 데서 겸손이 드러납니다.

● 칭찬을 잘 받는 법

그렇다면 어떻게 하면 칭찬을 잘 받을 수 있을까요?

가장 먼저 필요한 것은 감사하는 마음을 표현하는 것입니다. "고맙습니다."라는 짧은 한마디만으로도 상대는 자신의 마음이 존중받앗다고 느낍니다. 그 말은 단순한 인사가 아니라, 칭찬을 소중하게 받아들이겠다는 신호가 됩니다.

다음으로는 기쁨을 드러내는 것이 중요합니다. 무표정하게 "네." 라고 대답하는 것보다, 미소를 지으며 "그렇게 말씀해 주시니 힘이 납니다."라고 말하면 칭찬의 힘이 배가됩니다. 표정과 목소리에 담긴 따뜻한 반응은 칭찬을 전한 사람에게도 다시 힘이 되어 돌아갑니다.

또 하나 중요한 것은 함께한 사람들의 기여를 인정하는 태도입니다. "저 혼자였다면 힘들었을 텐데, 함께해 주셔서 가능했습니다."라는 말은 겸손을 넘어 타인을 높여 주는 존중의 표현입니다. 이렇게 칭찬을 나누는 사람은 혼자만 빛나는 것이 아니라, 주변까지 빛나게 합니다.

한 걸음 더 나아가, 칭찬을 마음에 담고, 다른 사람에게도 전해 주세요. 칭찬을 잘 받는 사람은 그 기쁨을 다른 사람에게도 나누는 사람입니다. 누군가 당신을 칭찬했다면, 그 따뜻한 말 한마디를 또 다른 누군가에게 전해 보세요.

"저도 그렇게 말해 줘서 너무 기뻤어요. 그래서 오늘은 제가 당신에게도 한마디 해 주고 싶어요."

칭찬은 들으면 기분 좋고, 전하면 더 기분 좋은 감정의 선순환입니다. 칭찬을 잘 받는다는 건, 결국 감정을 따뜻하게 순환시키는 능력입니다.

마지막으로, 진심 어린 자기 칭찬도 연습해 보세요. 칭찬을 잘 받는 사람은 스스로를 인정하고 칭찬할 줄 아는 사람입니다. 타인의 칭찬을 받아들이기 어려운 사람은 자기 자신에게도 비판적인 경우가 많습니다. 작은 성공, 노력, 변화에 대해 "수고했어, 나.", "오늘도 잘 해냈구나.", "실수했지만 괜찮아. 배웠으니까." 이런 말들을 자기 자신에게 해 주세요. 내면이 따뜻해져야, 외부의 따뜻함도 스며들 수 있습니다.

사례로 확인하는 칭찬 반응의 기술

칭찬을 잘 받는다는 것은 단순히 예의 바른 사람이 되는 것이 아닙니다. 그것은 상대의 마음을 존중하면서, 그 칭찬을 통해 더 나은 나로 나아가는 힘을 가지는 것입니다. 앞서 칭찬을 잘 받는 기술들은 실제 상황에서 어떻게 발휘될까요? 아래 간단한 예시를 통해, 칭찬을 받는 순간 우리가 선택할 수 있는 반응과 그에 따른 효과를 살펴보겠습니다.

잘못된 반응은 상대의 진심을 무시할 수 있지만, 바람직한 반응은 관계를 따뜻하게 만들고 내면의 동기로 이어집니다. 실제 예시를 통해, 칭찬을 단순한 말이 아닌 성장과 동기로 연결하는 기술로 완전히 이해해 봅시다. "오늘 발표 정말 좋았어요. 설명이 이해하기 쉬웠습니다."라고 말하는 동료에게 어떠한 반응을 보이는 것이 좋을까요?

● 잘못된 반응

"아니에요, 그냥 대충 했어요."

지나친 겸손은 상대의 진심을 무시하는 결과를 낳습니다. 동료의 칭찬이 무시당한 듯 느껴져, 칭찬의 흐름이 끊기고, 따뜻한 분위기는 사라집니다. 겉으로는 겸손처럼 보여도, 마음속에서는 상대의 마음을 가볍게 만든 셈이 됩니다.

● 바람직한 반응

"그렇게 말씀해 주셔서 감사합니다. 준비한 보람이 있네요. 다음에는 더 잘해 보고 싶습니다."

이처럼 칭찬을 성장의 출발점으로 삼는 자세도 필요합니다. 감사와 성장 의지를 함께 전하며 칭찬을 존중하면, 상대방과의 신뢰와 긍정적 분위기가 강화됩니다. 칭찬을 멈춤이 아니라 새로운 시작으로 받아들일 때, 칭찬은 내 안에서 더 큰 에너지로 살아납니다.

칭찬을 '선물'처럼 받아들이세요. 칭찬은 상대가 나에게 주는 작은 선물입니다. 이 선물을 받았을 때 가장 좋은 반응은 "감사합니다."라는 따뜻한 수용입니다.

"정말 감사합니다. 그렇게 봐주시니 힘이 나네요."

"그 말 덕분에 더 열심히 해 보고 싶어요."

이렇게 반응하면 상대도 기분이 좋아지고, 칭찬은 단순한 칭찬을 넘어 동기와 성장의 자양분이 됩니다. 칭찬을 기회로 삼아 자기 동기 부여로 연결하세요. 칭찬을 잘 받는 사람은, 그 칭찬을 통해 자신감을 얻고 더 발전하는 사람입니다.

┊ 따뜻한 마음 한 줌, 당신께 드리는 작은 칭찬 ┊

당신은 이미
따뜻한 시선을 가진 사람입니다.

칭찬을 잘하는 사람들은
남의 작은 변화도 놓치지 않고
바라보는 눈을 가졌습니다.

당신도 그렇게,
세심하게 사람을 살피는 마음이 있기에
이 책을 펼쳐 든 것이겠지요.

따뜻한 말 한마디가 얼마나 큰 힘이 되는지,
그 가치를 아는 사람이기에
당신의 칭찬은 얕지 않고, 진심에서 나옵니다.

칭찬은 기술이지만,
그 출발은 결국 사람을 향한 마음입니다.
당신의 그 마음이
세상을 조금 더 따뜻하게 바꾸고 있습니다.

2   온기 가득한 문화를 만드는 칭찬 전략

"칭찬받을 만한 일을 하라.
그러면 자연스럽게 칭찬이 따라온다."

– 벤자민 프랭클린

칭찬이 더 큰 변화를 만들기 위해서는 한 번의 표현으로 그치지 않고, 일상 속에서 자연스럽게 이어져야 합니다. 그렇다면 어떻게 하면 칭찬을 습관처럼 실천하고, 긍정적인 피드백을 지속적으로 전할 수 있을까요? 지금부터 그 구체적인 방법과 따뜻한 전략들을 하나씩 함께 알아보겠습니다.

사적인 자리에서의 칭찬 전략:
조용하지만 강력한 힘

칭찬은 많은 사람 앞에서 전해지는 공개적인 찬사일 수도 있지만, 때로는 아무도 모르게 조용히 건네는 말 한마디가 더 깊은 감동을 남깁니다. 공개적인 칭찬이 주변 분위기나 조직 전체에 긍정적인 영향을 미치는 데에는 분명한 장점이 있지만, 모든 사람이 그런 방식에 편안함을 느끼는 것은 아닙니다. 듣는 이의 성향, 그 순간의 감정 상태, 그리고 관계의 거리감에 따라 공개적인 칭찬은 오히려 부담으로 작용할 수도 있습니다. 이럴 때 필요한 것이 바로 사적인 칭찬입니다.

● 마음을 움직이는 사적 칭찬의 심리

하버드대학교의 심리학자 에이미 에드먼슨(Amy Edmondson)은 '심리적 안전감'이라는 개념을 통해, 사람이 진정으로 솔직하고 자유롭게 소통할 수 있으려면 먼저 정서적으로 안전하다고 느껴야 한다고 강조합니다. 그런 안전감이 형성되는 순간은 대개 조용하고 자연스러운 상황에서 찾아옵니다. 공개적인 주목에서 벗어난 자리에서 들려오는 칭찬은 방어 없이 받아들일 수 있는 심리적 여유를 줍니다. 이처럼 부담 없이 전해지는 말은 진심으로 와닿기 마련입니다.

그리고 수용성 이론에서도 비슷한 맥락이 설명됩니다. 사람은 혼자 있을 때나 작은 그룹 안에서 외부 자극을 더 온전히 받아들이는 경향이 있습니다. 가령 회의가 끝난 뒤 엘리베이터 안에서 "오늘 발표 정말 좋았어요. 특히 그 예시 부분이 설득력 있었어요."라고 말해 주면, 그 말은 감정의 울림으로 남게 됩니다. 특히 내향적인 사람들에게 더욱 효과적입니다.

심리학자 수잔 존슨(Sue Johnson)은 감정 중심 접근법에서, 인간은 감정적으로 연결된 순간에 더 큰 신뢰를 느낀다고 설명합니다. 칭찬이 감정과 함께 전해질 때, 그것은 함께 나누는 감정의 경험이 됩니다. 그리고 이 경험은 관계를 더 따뜻하고 단단하게 만들어 줍니다.

● 사적인 자리에서의 세부 칭찬 전략

이러한 이유로, 사적인 칭찬은 다음과 같은 방식으로 실천할 수 있습니다. 출근 전 엘리베이터 안, 회의 후 복도에서의 짧은 대화, 커피를 마시는 순간처럼 자연스럽고 조용한 공간을 선택하는 것이 좋습니다. 이런 순간은 형식보다 감정이 흐르는 시간이며, 말의 진심이 더 잘 전달되는 때이기도 합니다.

또한 단순히 "좋았어요."라고 말하기보다는, "회의 때 당신 한마디 덕분에 흐름이 바뀌었어요. 나도 긴장이 풀렸고요."처럼 구체적인 상황과 함께 감정을 전해 보세요. 듣는 사람은 자신이 어떤 영향을 주었는지 알게 되고, 그 말은 오래 기억에 남습니다.

그리고 무엇보다 감정을 솔직하게 표현하는 것이 중요합니다.

"당신 덕분에 힘이 났어요."
"그 말 듣고 마음이 따뜻해졌어요."

이와 같은 감정을 담은 표현은 단순한 평가가 아니라, 신뢰와 존중으로 전달됩니다. 사적인 칭찬은 말로는 다 표현되지 않는 조용한 메시지를 담고 있습니다. 때로는 수많은 박수보다, 한 사람의 조용한 인정이 더 오래도록 가슴에 남습니다. 당신이 전한 그 한마디는 생각보다 더 깊고 오랫동안 누군가의 마음속에 머물지도 모릅니다.

공식적인 자리에서의 칭찬 전략: 모두에게 전하는 칭찬의 가치

사람은 누구나 자신이 속한 공동체 안에서 의미 있는 존재로 인정받기를 원합니다. 조용히 건네는 칭찬이 마음에 따뜻함을 남긴다면, 공식적인 자리에서 모두 앞에 이름이 불리는 순간은 특별한 자긍심을 심어 줍니다. 그 경험으로 '내가 이 조직 안에서 가치 있는 사람'이라는 깊은 울림을 느끼게 됩니다.

● 자존감과 소속감을 세우는 공적 칭찬의 심리

심리학자 에이브러햄 매슬로우(Abraham Maslow)는 인간의 동기 구조에서 '존중의 욕구'를 중요한 단계로 설명합니다. 타인에게 인정받고 존중받을 때, 사람은 자신을 더 귀하게 여기게 되며, 그것이 더 높은 성취와 자기실현으로 이어진다는 것입니다. 이러한 관점에서 공식적인 자리에서의 칭찬은 자존감과 자기효능감을 키우는 중요한 순간이 됩니다.

사회심리학에서는 이러한 순간을 '사회적 강화'라고 부릅니다. 공개적인 칭찬은 개인의 행동을 강화할 뿐 아니라, 조직 전체의 문화와 기준을 긍정적으로 변화시키는 힘을 가집니다. 심리학자 앨버트 반두라(Albert Bandura)의 사회학습이론에서도, 누군가의 긍정적인 행동이 공식적으로 인정받는 모습을 보는 순간, 그 행동은 주변 사람들에게도 모델이 되어 자연스럽게 전파된다고 설명합니다.

즉, 한 사람을 향한 공개적인 칭찬은 그 조직 전체에 "이런 행동이 인정받는다."는 기준을 제시하는 일이 됩니다. 구성원들은 무의식적으로 그 기준에 따라 움직이게 되고, 조직은 점점 더 긍정적인 방향으로 성장하게 됩니다.

● 공적인 자리에서의 세부 칭찬 전략

이러한 효과를 잘 이끌어 내기 위해선 몇 가지 실천 포인트를 기억할 필요가 있습니다.

먼저 칭찬은 가시적인 순간에 이루어져야 합니다. 주간 회의, 프로젝트 브리핑, 시상식, 송년회 같은 공식적이고 구성원이 함께하는 자리는 누군가의 기여를 모두의 자산으로 바꾸는 좋은 기회가 됩니다.

다음으로는 단순한 고마움보다, 그 행동이 조직에 어떤 의미를 가졌는지를 구체적으로 언급하는 것이 중요합니다. "○○님의 제안 덕분에 프로젝트가 더 효율적으로 진행되었습니다. 우리 모두가 그 영향력을 실감했습니다."처럼 행동과 결과, 그리고 공동체에 미친 긍정적인 영향을 함께 전하는 것이 효과적입니다.

그리고 마지막으로, 그 순간을 모두의 자랑으로 만들어야 합니다.

"다 같이 박수 보낼까요?"
"우리 팀 모두 자랑스러워해도 좋을 일입니다."

이와 같은 표현은 조직 구성원 사이의 감정적 연대감을 높이고, 소속감을 깊게 만들어 줍니다.

이처럼 공식적인 자리에서의 칭찬은 사람을 빛 아래로 불러내는 따뜻한 인정입니다. 모두가 지켜보는 자리에서 이름이 언급되고, 박수가 따를 때, 그 사람은 스스로를 더 크게 느낄 수 있습니다. 동시에 자신이 속한 공동체 안에서 더욱 의미 있는 기여를 하고 싶다는 내적 동기가 자라나게 됩니다. 그것은 리더의 언어가 사람을 키우는

칭찬의 온도

방식이자, 공동체를 따뜻하게 만드는 가장 실질적인 리더십의 표현입니다.

조직을 움직이는 따뜻한 칭찬 문화

겉으로는 작고 소박해 보일 수 있지만, 칭찬이 조직 안에서 자연스럽게 흐르게 될 때, 그것은 어느새 공동체의 중심축이 되어, 일하는 방식과 관계의 질, 더 나아가 조직의 미래 방향성에까지 깊은 영향을 미치게 됩니다.

● 리더가 만드는 칭찬의 첫 물결

칭찬을 조직 문화로 정착시키기 위한 출발점은 언제나 리더의 태도와 실천입니다. 구성원은 리더의 말과 행동을 가장 가까이에서 관찰하고, 그 모습을 통해 무엇이 조직에서 가치 있는 행동인지 학습하게 됩니다. 따라서 칭찬 문화의 첫 단추는 리더가 일상 속에서 자연스럽게 인정과 격려를 표현하는 데서 시작됩니다.

칭찬은 특별한 업적에만 주어져야 하는 것이 아닙니다. 오히려 일상 속에서 소외되기 쉬운 작은 수고, 성실함, 배려에 주목하는 자세가 칭찬 문화를 뿌리내리게 만드는 핵심입니다. "오늘 회의 자료를 세심하게 정리해 주셔서 참석자 모두가 내용을 쉽게 이해할 수 있었습니다."라는 말 한마디만으로도 겉으로 드러나지 않던 수고를 인정받게 됩니다. 이는 구성원에게 깊은 감동을 남기게 됩니다.

이러한 자발적인 칭찬의 흐름을 조직적으로 뒷받침해 주는 시스템도 필요합니다. 가령 '이달의 협력자', '작지만 큰 기여상'과 같은 공식적인 인정 프로그램을 운영하거나, 부서 내 소셜 플랫폼이나 메신저에서 서로의 기여를 자유롭게 칭찬하고 공유할 수 있는 공간을 마련하는 것이 좋습니다. 이는 위계와 역할의 경계를 넘어 조직 전반에 자유롭고 평등한 칭찬의 흐름을 만들어 줍니다.

또한 칭찬은 실패의 순간에도 유효함을 알아야 합니다. 도전의 태도, 새로운 시도, 배움의 과정에 주목하는 문화는 조직에 '실패를 허용하는 건강한 여백'을 만들어 줍니다. "이번 결과는 예상과 달랐지만, 새로운 관점으로 접근해 주신 점이 정말 인상 깊었습니다. 다음 기획에 큰 자산이 될 것 같아요."라는 말은 실패를 책임으로만 보지 않고, 미래의 자산으로 환대하는 리더십의 언어입니다.

● 함께 키우는 수평적 칭찬의 힘

특히 동료 간 칭찬은 칭찬 문화의 중요한 축입니다. 상사에게서 받는 칭찬이 수직적 신뢰를 형성한다면, 동료 간 칭찬은 수평적인 협력과 유대를 강화해 줍니다. "오늘 업무 함께 나눠 주셔서 큰 도움이 되었어요."라는 말처럼 자연스럽고 짧은 칭찬은 구성원 간 신뢰의 두께를 만들어가며, 조직을 하나의 따뜻한 공동체로 성장시켜 줍니다.

칭찬 문화를 실질적으로 정착시키기 위해서는, 일상 속의 실천 외에도 시각적이고 체계적인 제도화가 필요합니다. 예를 들어 월 1회 칭찬 회의를 열어 서로의 기여를 나누고 격려하는 시간을 갖거나, 사무실 내에 칭찬 보드 혹은 칭찬 노트를 마련하여 직접 메시지를 기록하고 공유하는 방식도 효과적입니다. 눈에 보이는 칭찬은 구성원에게 '나의 행동이 조직의 가치를 만들고 있다'는 확신을 심어 줍니다.

그와 동시에, 칭찬의 의미를 전 구성원이 함께 공감하고 이해하는 기반을 마련하는 것도 중요합니다. 이를 위해 조직 차원의 워크숍이나 교육을 통해 칭찬의 심리적 효과, 성과에 미치는 영향, 그리고 실질적인 표현 방법을 함께 배우는 기회를 제공하는 것도 바람직합니다. '칭찬은 감정이 아니라 기술이며, 관계의 온도를 조절하는 지혜'라는 인식을 조직 전체에 공유하는 과정은 이후 실천의 품질을 높이는 데 큰 도움이 됩니다.

칭찬이 문화가 된 조직은 따뜻한 온기를 지니고 있습니다. 그런 조직에서는 사람이 머무릅니다. 말 한마디에도 마음이 담겨 있고, 서로의 시선을 통해 성장의 가능성을 발견할 수 있으며, 작은 인정이 큰 동기를 일으키는 선순환이 자연스럽게 일어납니다. 결과적으로 성과는 따라오게 됩니다. 그것은 억지로 끌어올리는 수치가 아니라, 사람을 중심에 둔 문화에서 피어나는 자연스러운 열매입니다.

지속되는 칭찬, 멈추지 않는 성장

칭찬이 일회성 이벤트가 아닌 지속적으로 이어지는 피드백이 될 때, 그 효과는 한 사람의 성장뿐 아니라 팀과 조직의 분위기까지 변화시키는 강력한 힘을 발휘하게 됩니다. 하지만 그 지속성을 확보하기 위해서는 단지 말하는 것만으로는 부족합니다. 칭찬을 정서적 공감과 전략적 실행이 어우러진 일상의 언어로 만드는 일, 그것이 진정한 문화로 이어지는 출발점입니다.

● 칭찬과 조언의 균형

칭찬과 조언의 균형은 반드시 함께 고려되어야 합니다. 인정만 있는 조직은 방향성을 잃기 쉽고, 지적만 있는 문화는 구성원의 자존감을 해칠 수 있습니다. 가장 효과적인 칭찬은 인정과 제안이 함께 담긴 피드백입니다. 예를 들어 "오늘 발표 정말 좋았습니다. 청중의 반응을 이끌어 내는 말투가 특히 인상 깊었어요. 다음엔 시각 자료의 배치를 조금만 간소화하면 더 좋을 것 같네요."라는 표현은, 구성원에게 존중을 느끼게 하면서 동시에 성장의 방향도 제시해 줍니다.

● 적절한 보상과의 연결

칭찬을 강화하기 위한 또 하나의 방법은 적절한 보상과의 연결입니다. 물론 모든 칭찬이 금전적 보상을 동반할 필요는 없습니다. 하지만 '이달의 피드백 챔피언', '작지만 큰 기여상'과 같은 작고 의미 있는 리워드가 더해진다면, 구성원은 자신의 행동이 조직 내에서 실질적으로 인정받고 있음을 구체적으로 체감하게 됩니다.

● 조직 전체로 확산되는 칭찬

무엇보다도, 칭찬이 특정 인물이나 부서에 국한되지 않고 조직 전체에 자연스럽게 흐를 수 있도록 환경을 조성해야 합니다. 특히 리더뿐만 아니라 동료, 후배, 타 부서 직원 등 다양한 관계자에게서 전달되는 칭찬은 그 폭과 깊이를 넓혀 주고, 조직 내 심리적 안정감과 수평적인 문화 형성에 크게 기여합니다.

● 모두가 참여하는 칭찬 구조 만들기

칭찬을 조직의 일상으로 정착시키기 위해 물리적 도구나 시스템을 활용하는 것도 매우 효과적입니다. 칭찬 스티커, 칭찬 노트, 칭찬 게시판, 익명 칭찬함 등을 마련해 누구나 쉽게 참여할 수 있는 구조를 만든다면, 말로 표현하기 어려운 마음을 담아내는 창구가 생기게 됩니다. 특히 한국처럼 겸손을 미덕으로 여기는 문화에서는 이런 시각화된 장치가 칭찬을 자연스럽게 나누는 촉진제가 되어 줄 수 있습니다.

● 도전과 실패에도 이어지는 격려

칭찬의 지속적인 효과를 위해 마지막으로 놓쳐서는 안 될 것이 바로 실패 이후에도 칭찬을 잊지 않는 태도입니다. 많은 조직이 성과에 대한 보상과 칭찬은 잘하지만, 실패에 대해서는 침묵하거나 실망을 드러내곤 합니다. 그러나 혁신을 시도하고 도전을 장려하는 조직일수록, 결과보다 과정과 용기, 배움의 자세에 더 주목합니다. 이러한 접근은 구성원으로 하여금 실패를 두려워하지 않고 다음 기회에 더 나은 결과를 만들어 가게 하는 힘이 됩니다.

칭찬이 구성원의 습관이 되고 팀의 분위기가 되며 조직 전체의 문화로 자리 잡을 때, 우리는 그 안에서 사람이 머무는 회사를 만들 수 있습니다. 구성원이 자신의 가치를 인정받고 있다고 느낄 때, 그들은 스스로 성장하고자 하며, 그 성장은 곧 조직의 발전으로 자연스럽게 이어지게 됩니다. 칭찬은 가장 따뜻하면서도 강력한 조직의 언어이자, 관계와 문화를 움직이는 힘입니다.

따뜻한 마음 한 줌, 당신께 드리는 작은 칭찬

당신의 칭찬은 오늘도 누군가를 살립니다.

칭찬은 한 번의 말보다
지속적인 마음의 표현에서 그 진가가 드러납니다.

당신이 날마다 따뜻한 말을 잊지 않으려
애쓰는 그 마음,
그 자체가 큰 선물입니다.

작은 칭찬을 습관으로 만든 당신은
매일 누군가의 자존감을 지켜 주는 사람입니다.
당신의 꾸준함은 조직을 바꾸고, 관계를 살립니다.
진심이 쌓이면 문화가 됩니다.

그리고 그 문화를 만드는 시작점에
바로 당신이 있습니다.

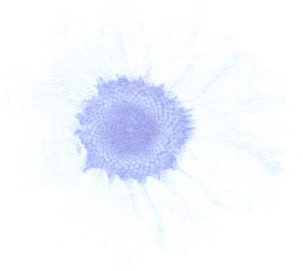

③ 위대한 리더들의 칭찬 이야기

"진심 어린 칭찬은 최고의 동기 부여가 된다."
– 브라이언 트레이시

　칭찬은 한 사람의 마음을 일으키고, 더 나아가 공동체와 역사의 흐름까지 바꾸는 힘을 가집니다. 역사를 돌아보면, 위대한 리더들의 곁에는 늘 따뜻한 칭찬의 언어가 있었습니다. 링컨의 짧은 편지는 전쟁터의 사기를 살렸고, 세종의 진심 어린 인정은 학자들의 사명을 붙잡아 새로운 문자를 탄생시켰으며, 제갈량의 세심한 칭찬은 장수들의 충성과 헌신을 이끌어 냈습니다. 이처럼 위대한 리더들의 칭찬은 단순한 말이 아니라, 사람의 가슴에 불을 지피고 역사를 움직인 결정적인 리더십의 언어였습니다. 이제, 그 순간들을 함께 살펴보겠습니다.

링컨,
전쟁터에서 장군을 세운 대통령의 편지

여러분, 미국 남북전쟁은 아시지요? 1860년대, 나라가 둘로 갈라져 피비린내 나는 전쟁을 벌이던 때였습니다. 전쟁은 몇 년째 계속되었고, 사람들의 마음은 지쳐 있었습니다. 북군이 승리하긴 했지만, 연이은 패배와 희생으로 지휘관들도, 병사들도 힘을 잃고 있던 상황이었지요.

그런데 1863년 7월, 게티즈버그 전투에서 북군이 기적 같은 승리를 거둡니다. 나라 전체가 안도의 한숨을 내쉴 때, 링컨 대통령은 승리 소식만 듣고 기뻐한 것이 아니었습니다. 그는 '이 승리를 만든 사람들에게 어떻게 힘을 줄 수 있을까?'를 먼저 생각했습니다.

그래서 그는 직접 편지를 썼습니다. 전쟁에서 승리를 이끈 미드 장군에게 말이지요. 대통령이 바쁜 와중에 장군에게 개인적으로 편지를 보내는 일은 드물었습니다. 그만큼 마음을 다한 칭찬이었지요. 편지에는 이렇게 적혀 있었습니다.

> *"그대의 용기와 결단이 이 나라를 지켜 냈소. 병사들이*
> *그대의 지휘를 따라 용맹히 싸울 수 있었던 것도 그대 덕*
> *분이오. 오늘의 승리는 역사가 오래도록 기록할 것이오."*

이 짧은 편지를 받은 장군의 마음을 상상해 보세요. 전쟁터에서 목숨을 걸고 싸우는 장군이 대통령으로부터 직접 인정받은 것입니다. 장군은 감격해 눈물을 흘렸고, 편지를 가슴에 넣어 늘 간직했다고 합니다.

링컨의 칭찬은 '나는 당신을 믿는다'는 확고한 신뢰의 표현이었고, 그 신뢰가 다시 병사들의 마음을 붙잡아 주었습니다. 전쟁은 총과 칼로만 이기는 게 아니었습니다. 리더의 따뜻한 칭찬 한마디가 사람을 세우고, 결국 역사를 움직였던 것입니다.

세종대왕, 신하의 노고를 높여 나라를 살리다

이제 시계를 돌려 조선 시대로 가 보겠습니다. 세종대왕, 많은 사람들이 '성군'이라 부르지요. 그런데 그 위대한 업적 뒤에는 항상 신하들의 노고를 알아주는 세종의 칭찬이 있었습니다.

훈민정음을 창제할 때를 생각해 보세요. 집현전 학자들은 밤낮없이 글자를 연구했습니다. 당시 백성들은 한자를 몰라 억울한 일을 당해도 소리칠 길이 없었습니다. 세종은 이 현실을 바꾸고 싶었습니다. 그래서 학자들에게 '모든 백성이 쉽게 배워 쓸 수 있는 글자'를 만들라고 명했습니다.

몇 달이고, 몇 년이고 이어지는 작업에 학자들은 지치기도 했습니다. 그런데 세종은 그 과정을 늘 지켜보고 있었습니다. 초안이 완성되었을 때, 세종은 학자들을 불러 이렇게 말했습니다.

"경들의 노고가 참으로 크다. 백성이 글자를 몰라 억울함을 호소하지 못하는 것이 내 마음을 아프게 했다. 그러나 이제 경들의 연구 덕분에 백성이 평생 편히 글을 쓰게 되었다. 이는 나라의 근본을 세운 공로라 할 만하다."

왕이 직접 공을 인정하며 신하들에게 칭찬을 아끼지 않은 것입니다. 그 말 한마디가 학자들의 가슴에 불을 지폈습니다. '우리가 하는 일이 나라를 바꾸는 일이구나.' 그 사명감이 다시 그들을 붙잡았습니다. 결국 훈민정음은 완성되었고, 오늘날까지 한국인 모두가 사용하는 소중한 글자가 되었습니다.

세종의 칭찬은 단순한 말이 아니라, 신하들의 사기를 높이고 역사를 바꾼 동력이었습니다.

제갈량,
작은 공을 크게 인정해 충성을 이끌다

이제 삼국지 속 제갈량 이야기로 가 보겠습니다. 그는 천재 전략가였지만, 단지 머리가 뛰어난 것만으로는 장수들의 마음을 얻을 수 없었습니다. 사람의 마음을 다스릴 줄 알았던 리더였지요.

어느 날, 촉나라의 한 장수가 국경 근처에서 소규모 전투를 벌이고 돌아왔습니다. 전과라 할 것도 없는 작은 승리였습니다. 다른 장수들은 "별것 아니지 않느냐?"고 말했지만, 제갈량은 달랐습니다. 그는 전군 앞에서 그 장수를 불러 세웠습니다. 그리고 이렇게 말했습니다.

"작은 승리라 하여 가볍게 여겨서는 안 된다. 오늘 그대가 보여 준 용맹이 군의 사기를 살렸다. 이런 작은 승리가 쌓여 결국 큰 승리를 만드는 법이다. 그대의 공은 결코 작지 않다."

이 말을 들은 장수의 마음은 어땠을까요? 자신이 인정받았다는 자부심에 벅차올랐을 것입니다. 그는 이후 큰 전투에서 목숨을 걸고 싸우며 나라에 큰 공을 세우게 됩니다.

제갈량은 작은 공도 소홀히 여기지 않고 크게 칭찬해 장수들의 충성과 열정을 끌어냈습니다. 제갈량의 칭찬은 단순히 상대를 기분 좋게 하는 말이 아니라, 상대가 자신의 가치를 느끼고 더 힘을 낼 수 있도록 만드는 힘이었습니다.

4 칭찬으로 성장한 사람들의 이야기

"칭찬을 받을 때보다 남을 칭찬할 때 더 큰 행복을 느낄 수 있다."
– 헨리 포드

칭찬은 인간 내면의 가능성을 일깨우는 강력한 심리적 자극입니다. 단 한마디의 진심 어린 말이 평생의 방향을 바꾸고, 꿈을 현실로 이끄는 힘이 될 수 있습니다. 역사와 현재를 통틀어 많은 인물들이 칭찬을 통해 삶의 방향을 바꾸고, 자기 가능성을 믿으며 도전해 나갔습니다. 이들은 '칭찬이 어떻게 인간을 성장시키는가'를 생생히 증명한 주인공들입니다. 실제 인물 중에서 칭찬을 통해 변화를 일으킨 사례 몇 가지를 소개하겠습니다.

안데르센,
한마디 칭찬이 만든 세계적인 이야기꾼

1805년, 덴마크의 작은 마을 오덴세에서 태어난 한스 크리스티안 안데르센은 매우 가난한 집안에서 자랐습니다. 아버지는 구두 수선공, 어머니는 세탁부로 생계를 이어 갔고, 어린 안데르센은 물질적으로도, 정서적으로도 결핍된 환경에서 성장했습니다.

외모, 말투, 엉뚱한 행동 때문에 또래 아이들에게 조롱과 따돌림을 당했고, 그는 점점 자신에 대한 확신을 잃어 갔습니다. 그럴수록 안데르센은 현실로부터 도피해 상상의 세계로 빠져들었습니다. 종이 인형을 만들고, 등장인물을 설정해 이야기를 꾸며내는 일이 유일한 즐거움이자 위안이었습니다. 그러나 당시 어른들의 눈에 그런 행동은 기이하고 무가치해 보였고, 안데르센 스스로도 점차 자기표현을 부끄러워했습니다.

그런 그에게 삶의 방향을 바꾸어 준 한 사람이 있었습니다. 바로 그의 문학 선생님이었습니다. 대부분의 사람들이 외면하거나 이상하게만 보던 안데르센의 상상력과 표현력에 대해서 그는 진지하게 바라보았습니다. 그리고 어느 날, 안데르센이 쓴 짧은 시를 읽고 조용히 말했습니다.

"이건 진짜 재능이야. 너는 언젠가 위대한 작가가 될 거야."

그 말을 듣고 안데르센은 설렜습니다. 그건 세상이 처음으로 자신을 '가능성 있는 존재'로 바라보았다는 신호였습니다. 누군가의 진심 어린 인정을 통해 처음으로 자신 안의 자존감과 꿈을 깨닫게 되었고, 그 칭찬은 내면에 불씨를 지피는 열쇠가 되었습니다.

그 순간부터 안데르센은 자신이 언젠가는 진짜 작가가 될 수 있다는 믿음을 품게 되었고, 그것은 곧 행동으로 이어졌습니다. 정식 교육을 받기 어려운 환경에서도 그는 희곡을 독학하고 시를 쓰며 끊임없이 자신을 단련했습니다. 코펜하겐으로 향한 뒤에는 무대 뒤에서 일하며 글쓰기를 이어 갔고, 누구보다 치열하게 자신을 다듬어 갔습니다.

안데르센은 이후 『엄지공주』, 『인어공주』, 『미운 오리 새끼』, 『벌거벗은 임금님』 등 수많은 동화를 남기며 세계적인 문학가가 되었습니다. 특히 『미운 오리 새끼』는 그의 어린 시절을 투영한 작품으로, 조롱받던 존재가 결국 백조로 피어나는 성장의 은유로 널리 사랑받고 있습니다.

그가 세상에 선물한 이야기들은 단순한 동화를 넘어 인간 내면의 외로움과 희망, 변화에 대한 깊은 통찰을 담고 있으며, 오늘날까지도 전 세계 수백 개 언어로 번역되어 읽히고 있습니다. 그리고 이 모든 시작은 한 교사의 진심 어린 말에서 비롯되었습니다. 그 칭찬 한마디가 한 사람의 인생을 바꾸었고, 수천 편의 이야기로 전 세계 사람들의 마음을 울리는 문학이 되었습니다.

칭찬은 때로 현재를 평가하는 말이 아니라, 그 사람의 가능성을 향한 선언일 때 더 큰 힘을 발휘합니다. 자신조차 믿지 못했던 재능을 누군가가 먼저 알아봐 주고, 말로 표현해 주는 순간에 그 칭찬은 존재를 새롭게 정의하는 경험이 됩니다. 그 말 한마디가 누군가의 인생 전체를 바꿀 수도 있다는 사실을 잊지 말아야 합니다.

오늘 당신이 건네는 한마디가 또 다른 안데르센을 세상에 불러올지도 모릅니다.

마이클 조던,
믿음의 언어가 모여 만든 전설

마이클 조던은 1963년, 미국 노스캐롤라이나의 평범한 가정에서 태어났습니다. 어릴 적부터 운동을 좋아했고, 특히 농구에 큰 흥미를 느꼈습니다. 그러나 그의 청소년기는 실패와 좌절의 연속이었습니다.

고등학교 2학년 때 그는 농구부 선발에서 탈락하는 충격을 겪게 됩니다. 키가 작고 체격이 약하다는 이유였습니다. 농구를 인생의 전부처럼 여겼던 마이클에게 이 일은 큰 상처였고, 그는 며칠 동안 방 안에 틀어박혀 울었습니다.

그때, 그의 곁에 있던 사람들은 마이클에게 잊지 못할 말을 건넸습니다. 가장 먼저 어머니가 말했습니다.

"마이클, 넌 포기하지 않는 아이잖니. 이번엔 안 됐지만, 다음엔 해낼 수 있어."

형은 함께 농구 연습을 하며 이렇게 말했습니다.

"너처럼 집중 잘하는 애는 없어. 연습으로 다 따라잡을 수 있어."

그리고 고등학교 코치는 조용히 불러 말했습니다.

"너는 아직 키도 작고 부족한 게 많지만, 누구보다 강한 의지를 가졌어. 그게 진짜 재능이야. 계속 노력하면 최고의 선수가 될 수 있어. 나는 네 가능성을 믿는다."

이 말들은 마이클의 내면 깊은 곳에 잠들어 있던 불씨를 되살리는 선언이었습니다. 그는 결심합니다.

'지금은 부족하지만, 연습으로 반드시 바꿀 수 있다.'

그날 이후 매일 새벽 5시에 일어나 체육관으로 향했고, 수업 전과 후, 모두가 떠난 뒤에도 혼자 남아 드리블과 점프, 슛을 반복했습니다. 몸은 지쳐 갔지만 마음은 단단해졌고, 자신에 대한 믿음은 점점 커졌습니다.

그에게 칭찬은 방향이 되었고, 그 방향은 실천이 되었습니다. 단순한 기술 향상을 넘어서, 그는 자신을 이겨 내는 사람이 되어 갔습니다. 이듬해 마이클은 농구팀에 선발되었고, 대학 시절에는 전미

대학농구 결승전에서 결승숏을 성공시키며 전국적인 스타가 되었습니다. 그리고 1984년, NBA에 입단하며 전설적인 커리어를 시작하게 됩니다. NBA 챔피언 6회, 정규 시즌 MVP 5회, 파이널 MVP 6회, 득점왕 10회.

마이클 조던은 자서전에서 이렇게 말합니다.

> *"고등학교 농구팀에서 탈락한 건 내 인생의 전환점이었어요. 하지만 더 큰 전환점은, 나를 믿어 준 사람들이 해 준 말이었죠."*

칭찬은 단지 현재를 평가하는 말이 아닙니다. 그것은 가능성을 확신하는 말, 그리고 스스로도 몰랐던 잠재력을 일깨우는 힘입니다. 마이클 조던의 전설은 그가 처음부터 뛰어났기 때문이 아니라, 실패의 순간에 들은 '넌 해낼 수 있어'라는 말에 반응했기 때문에 가능했습니다.

우리도 누군가에게 그런 말을 건넬 수 있습니다. "너는 지금도 괜찮고, 앞으로 더 멋질 수 있어."라는 그 말 한마디가 또 다른 전설의 시작이 될 수 있습니다.

헬렌 켈러 & 앤 설리번, 칭찬이 만든 기적의 시작

헬렌 켈러는 생후 19개월 만에 고열로 시각과 청각을 동시에 잃었습니다. 말을 배우기도 전에 세상과 단절된 그녀는 점점 외부와 소통하지 못하는 고립된 존재가 되어 갔습니다. 감정을 표현할 길이 없었던 헬렌은 좌절과 분노에 사로잡혔고, 점차 예측할 수 없는 난폭한 행동으로 주변 사람들을 힘들게 했습니다. 부모는 딸을 사랑했지만 이해하기는 어려웠고, 헬렌은 점점 혼돈과 고통의 늪 속으로 빠져들고 있었습니다.

전환점은 그녀의 삶에 앤 설리번이 찾아오면서 시작됩니다. 설리번은 먼저 헬렌과 정서적으로 연결되는 데 집중했고, 아주 작은 반응에도 진심 어린 칭찬을 아끼지 않았습니다. 헬렌이 손끝으로 물방울의 감촉을 느낀 순간, 설리번은 그녀의 손바닥에 'W-A-T-E-R'라는 철자를 반복해 새기며 말했습니다.

> *"헬렌, 네가 지금 느낀 게 바로 세상이야. 넌 해냈어! 너는 세상과 연결될 수 있어."*

이 말은 헬렌에게 처음으로 '나는 이해할 수 있는 존재이며, 표현할 수 있는 사람'이라는 믿음을 심어 주었습니다. 그녀는 처음으로 단어와 사물의 개념이 연결되는 경험을 하게 되었고, 그 감격은 삶 전체를 바꾸는 커다란 깨달음으로 이어졌습니다.

그날 이후 헬렌은 세상을 배우기 시작했습니다. 단어 하나를 익히는 데 며칠이 걸렸고, 문장을 이해하는 데는 몇 주가 걸렸지만, 설리번은 그 모든 과정을 지켜보며 끊임없이 말했습니다.

"넌 할 수 있어. 지금도 잘하고 있어."

이 지속적인 칭찬은 헬렌에게 학습 의욕과 자존감을 동시에 키워 주었습니다. 그렇게 헬렌은 점차 자신을 장애인이 아닌, 배우고 느끼며 표현할 수 있는 가능성의 존재로 받아들이게 되었습니다.

헬렌 켈러는 결국 미국 여성 최초의 시각·청각 중복 장애인 대학 졸업생이 되었고, 전 세계를 돌며 강연과 저술로 장애인의 권리를 알렸습니다. 그녀는 이렇게 회상합니다.

> *"나는 단지 두 가지를 받았습니다. 하나는 사랑, 하나는 칭찬입니다."*

앤 설리번이 건넨 수많은 칭찬은 헬렌이라는 존재가 세상과 연결될 수 있다는 존재의 재정의였습니다. 칭찬은 닫혀 있던 마음의 문을 여는 열쇠이자, 존재의 가치를 회복시키는 선언입니다. 헬렌 켈러는 설리번의 칭찬 속에서 '나는 배울 수 있다.'는 믿음을 얻었고, 그 믿음은 전 세계 수많은 사람들에게 희망이 되었습니다.

우리도 누군가의 가능성을 볼 수 있다면, 그 가능성을 말로 표현해 주는 사람이 될 수 있습니다. "넌 할 수 있어."라는 그 한마디가 때로는 한 사람의 미래 전체를 열어 주는 시작점이 됩니다.

오프라 윈프리,
한마디 칭찬이 바꾼 삶의 목소리

오프라 윈프리는 1954년, 미국 미시시피주의 가난한 가정에서 태어났습니다. 그녀의 어린 시절은 가족 내 갈등과 빈곤, 주거 불안 속에서 방치된 채 흘러갔고, 9살부터 14살까지는 반복적인 성적 학대를 겪었습니다. 자주 이사를 다녔고, 학교에서는 따돌림을 당하며 정서적으로 매우 불안정한 상태에 놓여 있었습니다.

그 시절 오프라는 자신을 '보이지 않는 존재'이자 '쓸모없는 아이'라고 여겼고, 자존감은 바닥을 쳤습니다. 그런 그녀에게 유일한 위안이자 탈출구는 책이었습니다. 홀로 책을 읽고, 마음속으로 이야기를 되뇌며 말하는 시간이야말로, 세상과 연결되는 유일한 창이었습니다.

그렇게 어둡고 외로운 시간을 견디던 중, 그녀에게 전환점이 되는 순간이 찾아옵니다. 초등학교 시절, 한 선생님이 그녀의 시 낭송을 듣고 다가와 조용히 말을 건넸습니다. 메리 던컨(Mary Duncan) 선생님이었습니다.

> "오프라, 넌 사람들에게 감동을 줄 수 있는 목소리를 가
> 졌어. 이건 아무나 가질 수 없는 재능이야. 넌 언젠가 세
> 상을 바꾸는 사람이 될 거야."

이 한마디는 오프라의 내면 깊은 곳에 울림을 남겼습니다. 아무도 자신을 주목하지 않던 시절, 처음으로 누군가가 그녀를 특별한 존재로 바라보았다는 사실은 오프라의 정체성을 근본적으로 바꿔 놓았습니다.

그날 이후, 오프라는 자신을 더 이상 피해자가 아닌 전달자로 인식하게 됩니다. 그녀는 자신이 가진 목소리가 사람의 마음을 움직이고 변화시키는 힘이라는 것을 처음으로 받아들였습니다. 그 믿음은 그녀의 삶을 조금씩 바꾸기 시작합니다. 말하기 대회에 나가고, 글을 쓰며 자신을 표현하기 시작했고, 고등학교 시절에는 라디오 방송국에서 아르바이트를 하며 목소리의 힘을 갈고닦았습니다. 그 모든 시도는 누군가가 자신의 가능성을 믿어 준 순간에서 출발한 것이었습니다.

결국 오프라는 1986년부터 시작된 『The Oprah Winfrey Show』를 통해 세계적인 방송인이 되었고, 사회적 약자와 인권, 치유와 회복을 주제로 수천 회의 방송을 진행하며 수많은 사람들에게 감동

과 용기를 전했습니다. 그녀는 "내 안에 이 목소리는, 선생님이 '넌 특별하다'고 말해 줬기 때문에 태어났습니다."라고 말합니다. 그리고 그녀는 자신의 쇼에서 항상 청중에게 이렇게 이야기합니다.

> "당신은 지금 이대로 괜찮아요. 당신은 충분히 잘하고 있어요."

칭찬은 때때로 한 사람의 정체성을 완전히 바꿔 놓습니다. "넌 특별한 목소리를 가졌어."라는 말 한마디가 오프라 윈프리의 삶을 변화시켰고, 훗날 수백만 사람에게 희망과 위로를 전하는 사명의 언어가 되었습니다.

진심 어린 칭찬은 존재의 가치를 회복시키는 힘이 있습니다. 그 말을 들은 사람은 자신의 삶을 새롭게 정의하게 되고, 언젠가는 또 다른 누군가를 일으켜 세우는 사람이 됩니다. 오늘 우리가 건네는 작은 한마디의 칭찬이, 또 하나의 오프라 윈프리를 세상에 탄생시킬 수 있습니다.

마더 테레사,
진심의 한마디가 깨운 마음의 선함

마더 테레사는 어린 시절 알바니아에서 자랐으며, 매우 내성적이고 조용한 아이였습니다. 그러나 그녀의 가정은 독실한 가톨릭 신앙 안에서 사랑과 섬김의 삶을 강조했고, 그 분위기 속에서 그녀는 차분히 자라났습니다.

그녀는 종종 '나는 왜 이렇게 약한 존재일까?'라는 고민에 빠지곤 했습니다. 세상에서 자신이 어떤 역할을 할 수 있을지 확신이 없었고, 조용하고 소극적인 자신이 누군가에게 도움이 될 수 있을지 의문을 품기도 했습니다.

그러던 어느 날 초등학교 시절, 그녀는 선생님으로부터 잊을 수 없는 말을 듣습니다.

> "아그네스(본명), 넌 조용하지만 아주 깊은 마음을 가지고 있어. 너는 다른 사람의 고통을 느낄 수 있는 아이야. 그래서 너는 반드시 누군가를 도와주는 사람이 될 거야."

그 한마디는 그녀에게 큰 깨달음을 안겨 주었습니다. '작고 조용한 마음도 가치 있는 것'이라는 믿음이 그녀 안에 싹튼 순간이었습니다. 그때부터 그녀는 봉사의 길을 꿈꾸기 시작했고, 결국 수녀가 되기로 결심합니다. 이후 인도 콜카타로 향한 그녀는 가난하고 병든 사람들 곁에서 평생을 헌신했습니다. 노벨평화상을 수상하며 세계적인 존경을 받았지만, 그녀는 끝까지 검소하고 조용한 삶을 지켰습니다.

그녀는 훗날 이렇게 말했습니다.

"내가 이렇게 살 수 있었던 이유는, 내 안에 있는 선함을
일찍이 알아봐 준 한 분의 말 덕분입니다."

칭찬은 눈에 보이는 능력보다, 마음의 깊이를 알아봐 주는 말일 때 더 깊은 울림을 남깁니다. 마더 테레사의 삶은 그 증거였습니다. 우리가 무심코 지나치는 누군가의 조용한 성품도, 그것을 진심으로 말해 주는 순간 삶의 사명이 될 수 있습니다.

J.K. 롤링과 해리 포터:
한 장의 편지가 만든 마법

1990년대 초, 조앤 롤링은 극심한 가난과 삶의 좌절 속에 있었습니다. 이혼 후 어린 딸을 혼자 돌보며 정부의 생활보조금으로 하루하루를 버티던 무명의 작가. 카페 한구석에 앉아 아이가 잠든 틈을

타 소설을 쓰고, 밤이 되면 '정말 이 길이 맞는 걸까?'라는 질문을 되뇌던 나날이 이어졌습니다.

출판사에 원고를 보내도 돌아오는 건 연이은 거절 편지뿐이었습니다. "아이들을 대상으로 하는 마법 이야기는 시대착오적이다."라는 냉소적인 반응은 그녀의 자존감을 점점 꺾어 놓았습니다. 글을 쓰는 이유조차 희미해지던 그때, 마침내 한 통의 전화가 걸려왔습니다. 12번의 거절을 당한 끝에, 블룸스버리라는 작은 출판사의 편집자가 그녀에게 이렇게 말했습니다.

> *"당신의 글에는 마법이 있어요. 단지 마법사의 이야기라서가 아니라, 사람의 마음을 이해하는 눈이 있기 때문이에요."*

특히나 인상적인 건 출판사 사장의 여덟 살 난 딸이 칭찬이었습니다. 그녀는 해리 포터 원고를 단숨에 읽고 나서 "다음 이야기도 꼭 보고 싶어요!"라는 단 한마디를 했을 뿐인데, 이 '어린 독자의 칭찬'은 무엇보다 큰 힘이 되었고, 조앤 롤링은 마침내 세상의 문을 두드릴 수 있었습니다. 그 말들은 그녀의 마음에 다시 불을 지폈습니다.

> *"내가 쓰는 이 세계가, 나만의 환상이 아니라 누군가에게*

도 위로가 될 수 있다면, 나는 멈추지 않아야 해."

그녀는 이전보다 더 집중해 글을 쓰고, 캐릭터의 감정선과 세계 관을 치밀하게 구성하기 시작했습니다. 무명작가였던 그녀는 점점 누군가의 마음을 움직이는 이야기꾼으로 변해 갔고, 해리 포터 시리즈는 독자들의 입소문을 타고 서서히 인기를 얻기 시작했습니다.

그렇게 해리 포터 시리즈는 전 세계에서 5억 부 이상 팔리며 전례 없는 성공을 거두었고 영화, 연극, 전시 등 수많은 콘텐츠로 확장되었습니다. 조앤 롤링은 가난한 계층에서 출발해 가장 부유한 여성 작가 중 한 명이 되었고, 자선 활동에도 꾸준히 힘을 쏟는 영향력 있는 인물로 자리매김했습니다. 이 모든 변화는 결국 아이 한 명의 칭찬과 편집자의 믿음에서 시작되었습니다.

세상은 자주 이렇게 속삭입니다. "그만두는 게 나을 거야."라고요. 하지만 단 한 사람의 말이 수많은 "안 된다"는 말보다 훨씬 더 강력한 기적을 만들어 냅니다. "당신의 글에는 마법이 있어요."라는 한 마디가 조앤 롤링을 작가로 세웠고, 전 세계 아이들에게 꿈을 선물할 수 있게 만들었듯이 말이죠.

어쩌면 지금도 누군가는 조용히 꿈을 품고 있을지 모릅니다. 그 꿈 앞에 서 있는 사람에게 진심 어린 칭찬 한 마디를 아끼지 마세요. 그 말이 누군가의 인생 전체를 바꾸는 시작이 될 수 있습니다.

김득신,
칭찬이 만든 대기만성의 전형

조선 17세기, 충청북도 증평에서 태어난 김득신 선생은 임진왜란 당시 진주성 대첩의 영웅 김시민 장군의 손자이자, 한시 문학을 대표하는 문인이었습니다.

하지만 그의 어린 시절은 결코 빛나지 않았습니다. 어릴 적 천연두로 지각이 발달하지 못했고, 남들보다 훨씬 늦은 나이인 열 살에야 글을 겨우 깨우쳤습니다. 게다가 같은 책을 석 달 동안 읽고도 첫 구절조차 기억하지 못할 만큼 이해력과 기억력이 부족했습니다. 주변에서는 "저런 아이에게 글을 가르쳐서 무엇 하겠느냐?"는 말이 끊이지 않았습니다.

그러나 그의 아버지는 달랐습니다. 아들은 느리고 서툴렀지만, 단 한 번도 포기하지 않았습니다. 아버지는 그런 아들을 향해 이렇게 말했습니다.

"내 아들은 글 읽기를 포기하지 않는다. 대기만성형이다."

이 말은 단순한 위로가 아니라 확신이 담긴 칭찬이었습니다. 아버지는 아들이 책을 읽는 모습을 볼 때마다 "네가 참 대견하다."고 말했고, 그 칭찬은 김득신의 마음속에 긍정적 자기암시로 자리 잡았습니다.

그 결과 그는 매일 책을 손에서 놓지 않았습니다. 한 번에 이해하지 못하면 수십 번, 수백 번, 심지어 수만 번까지 반복해 읽었습니다. 그의 기록은 놀랍습니다. 『노자전』, 『분왕』 2만 번, 『제책』, 『귀신장』 1만 8천 번, 『백이전』 무려 11만 3천 번. 1만 번 이상 읽은 책만 36권이었고, 그야말로 지독한 독서광이었습니다. 그리고 오랜 세월의 꾸준함은 마침내 결실을 맺었습니다.

그렇게 그는 59세의 나이에 문과에 급제하며 '대기만성의 표상'이 되었습니다. 이후 정선군수, 동지중추부사 등을 지내며 문장가로서도 이름을 떨쳤습니다. 효종은 "백곡의 시는 당나라 시에 견줄 만하다."고 칭찬했고, 학자 이식은 "당대 최고의 문장"이라 극찬했습니다. 심지어 당대의 대학자 정약용도 『여유당전서』에서 이렇게 기록했습니다.

"문자와 책이 생긴 이후, 종횡으로 수천 년과 삼만 리를 살펴보아도 부지런히 독서한 사람 가운데 김득신을 으뜸이라 할 만하다."

김득신 선생의 삶은 '늦었다'는 말이 얼마나 무의미한지를 보여 줍니다. 그는 누구보다 더딘 출발을 했지만, 아버지의 끊임없는 칭찬과 믿음이 삶을 바꾸는 불씨가 되었습니다. 누군가의 가능성은 눈앞의 속도로 판단할 수 없습니다. 칭찬은 그 가능성을 길러 주는 햇살이며, 격려는 뿌리를 단단히 하는 빗물입니다.

오늘 우리가 건네는 짧은 한마디가 누군가에게는 평생을 지탱하는 힘이 될 수 있습니다. 김득신 선생이 그랬듯, 포기하지 않는 사람과 믿어 주는 사람이 만날 때 기적은 반드시 피어납니다. 그리고 그 기적의 시작은 늘 따뜻한 한마디에서 비롯됩니다.

유재석,

믿음이 일군 국민 MC

1990년대 초반, 유재석은 이름 없는 무명 개그맨이었습니다. 오디션에서는 번번이 고배를 마셨고, 9년 넘는 시간 동안 방송계에서 조연이나 대타로 겨우 자리를 지켰습니다. 주변 사람들은 그에게 "너는 재능이 없어", "이 길은 아닌 것 같아"라는 냉담한 말을 건넸습니다. 그는 외롭고 힘든 시간을 견디며, 웃음 뒤에 감춰진 깊은 슬픔을 조용히 품고 살아갔습니다.

그런 그에게 전환점이 되어 준 말은 개그맨 최양락 선배의 한마디였습니다.

"유재석, 넌 언젠가 반드시 될 거야. 넌 진짜 사람이야. 사

람 냄새 나는 개그맨이야."

그 말은 단순히 개그의 기술을 칭찬한 것이 아니라, 그의 인격을 인정해 준 말이었습니다. 유재석은 그 한마디를 마음 깊이 새기고, 다시 일어섰습니다. 비록 단역이었지만 그는 매 순간 진심을 다했고, 스스로를 단련하며 무대를 지켜냈습니다.

그렇게 그는 마침내 KBS 공채 7기를 거쳐 『동거동락』에서 두각을 나타내며 본격적인 방송인의 길을 걷게 됩니다. 유재석은 지금도 "제가 잘나서 된 게 아니에요. 저를 믿어 준 한 사람의 말이 있었어요."라고 말하곤 합니다.

그는 이제 '국민 MC'로 불리며, 겸손함과 진정성, 인간적인 진행으로 오랜 시간 사랑받는 방송인이 되었습니다. 그리고 지금은 그가 누군가에게 같은 말을 건넵니다.

"당신도 충분히 될 수 있어요. 당신만의 때가 올 거예요."

칭찬은 때로 능력보다 인격을 믿어 주는 말일 때, 더 깊고 오래가는 힘을 발휘합니다. "넌 사람 냄새가 나." 그 말 한마디는 유재석이라는 사람을 지탱한 뿌리였고, 지금도 여전히 많은 이들에게 따뜻한 진심으로 전해지고 있습니다.

손흥민,
과정과 태도를 인정받은 성장

손흥민은 축구선수였던 아버지 손웅정 씨의 혹독한 훈련 아래 성장했습니다. 하루 6시간에 이르는 볼 트래핑, 양발 슛 반복 등 철저한 기초 훈련으로 그의 어린 시절을 온전히 채웠습니다. 하지만 때때로 그는 '나는 왜 이렇게까지 혹독한 대우를 받아야 할까?'라는 생각에 흔들리기도 했습니다.

그런 아들에게 아버지는 어느 날 이렇게 말했습니다.

> "흥민아, 나는 네가 잘해서 자랑스러운 게 아니야. 그 자세로 끝까지 해내는 게 대단한 거야. 넌 결과보다 태도가 더 멋진 선수야."

이 한마디는 손흥민에게 새로운 시야를 열어 주었습니다. 그는 그때부터 결과보다 과정과 자세를 더 중요하게 여기는 선수로 성장해 나갑니다.

유소년 시절부터 그는 자신을 절제하며 묵묵히 훈련에 임했고, 독일과 영국 무대에 진출한 뒤에도 오만함 없이 겸손한 태도로 끊임없이 성장했습니다. 그의 성실한 훈련 태도, 팀을 위한 헌신, 그리고 흔들림 없는 겸손은 모두 그 칭찬이 만들어 낸 내면의 힘이었습니다. 결국 그는 프리미어리그 득점왕에 오르고, 아시아를 대표하는 세계적인 선수로 우뚝 섰습니다.

그는 말합니다.

"아버지의 말은 제 경기력보다 더 큰 에너지원이에요. 저는 그 마음을 지키며 뛰고 있습니다."

칭찬은 단순히 결과에 대한 평가가 아니라, 태도와 가치를 인정해 주는 말일 때 오래도록 마음에 남습니다. 손흥민은 지금도 아버지의 칭찬을 가슴에 품고 올바른 태도를 지키며 그라운드를 누빕니다.

우리도 누군가에게 "그 자세가 참 멋져요."라고 말해 보면 어떨까요? 그 한마디가 한 사람의 길을 밝혀 주는 나침반이 될 수 있습니다.

히딩크와 박지성, 믿음으로 꽃핀 월드스타

2000년대 초, 박지성은 일본 J리그에서 뛰던 무명 선수였습니다. 체구는 작고 특별한 스타성도 없었으며 언론의 관심에서도 멀리 떨어져 있었습니다. 대표팀에 발탁되었지만, 국내 팬들 사이에서는 "저 선수가 왜?"라는 의구심이 많았고, 경기력이 다소 부침을 겪자 히딩크의 낙하산이라는 비난까지 쏟아졌습니다. 성실한 노력에도 불구하고 쏟아지는 의심과 비판은 그의 자신감을 흔들어 놓았습니다.

그런 박지성에게 히딩크 감독은 조용히 다가와 말했습니다.

> "너는 기술보다 정신이 강한 선수야. 지금은 모르겠지만
> 곧 모두가 알게 될 거다. 나는 네가 월드컵에서도 충분히
> 통할 수 있다고 믿는다."

그 한마디를 통해 박지성은 자신을 믿어 주는 사람이 있다는 사실을 처음으로 체감했습니다. 히딩크는 그를 선발 명단에 꾸준히 기용했고, 중요한 순간마다 "할 수 있다"는 메시지를 반복하며 가능성을 확신해 주었습니다. 감독의 그 한마디는 박지성의 자세를 완전히 바꿔 놓았습니다.

'내가 해도 되는 걸까?'라는 불안 대신, '감독님이 날 믿으니까 해 보자!'는 용기가 마음속에 자리 잡기 시작한 것입니다. 그는 점점 더 자신감 있게 움직였고, 팀 내에서 없어서는 안 될 존재로 성장해 갔습니다.

그리고 마침내 2002년 월드컵 포르투갈전, 박지성은 극적인 결

승골을 터뜨리며 한국의 16강 진출을 이끌었습니다. 그 골 한 방은 단지 승리 이상의 의미였습니다. 박지성이 한국 축구의 상징이 되었고, 자신을 둘러싼 모든 의심을 실력으로 증명해 낸 것입니다.

당시 히딩크의 칭찬은 한 사람의 가능성을 먼저 바라보고, 먼저 믿어 준 선언이었습니다. 이후 박지성은 네덜란드 PSV를 거쳐 세계적인 명문 클럽 맨체스터 유나이티드에서 활약하며, 한국인 최초로 챔피언스리그 결승 무대에 오른 선수가 되었습니다. 경기장에서의 헌신뿐 아니라, 팬들에게는 성실함과 겸손함의 상징으로 자리 잡았고, 수많은 후배 선수들에게 롤모델이 되었습니다.

히딩크의 한마디는 박지성의 축구 인생을 바꿨을 뿐 아니라, 한국 축구의 역사를 새로 쓰는 결정적인 전환점이 되었습니다. 리더가 한 사람을 어떻게 바라보느냐에 따라, 그 사람의 가능성은 피어나기도 하고, 꺾이기도 합니다.

"넌 해낼 수 있어."

이 말이 주는 힘은 생각보다 훨씬 큽니다. 우리도 누군가의 가능성을 미리 알아보고, 먼저 믿어 주는 사람이 되면 어떨까요? 그 진심 어린 말 한마디가 누군가의 인생을 바꾸는 출발점이 될 수 있습니다.

칭찬의 온도

: 따뜻한 마음 한 줌, 당신께 드리는 작은 칭찬 :

당신의 칭찬 한마디가
누군가의 인생을 바꿉니다.

당신의 따뜻한 말 한마디가
누군가에게는 처음 듣는 인정일 수 있습니다.

그 한마디가 가슴속에 불을 지피고,
조용히 멈춰 있던 사람을 앞으로 걷게 합니다.

누군가는 당신의 칭찬을 시작으로
자신을 믿게 되고,
세상을 향해 도전할 용기를 얻습니다.

당신은 그런 말을 전할 줄 아는 사람입니다.
당신의 마음이 닿는 곳마다,
성장의 이야기가 시작됩니다.

5 칭찬으로 성공한 기업들의 이야기

"칭찬은 단순한 말이 아니다.

그것은 상대방을 성장시키는 힘이다."

– 로버트 칼릴

칭찬의 힘은 개인에게만 머무르지 않습니다. 함께 일하는 동료, 더 나아가 한 기업의 문화까지 바꿔 놓을 수 있습니다. 세계적인 기업들은 이 단순한 진리를 놓치지 않았습니다. 구글은 데이터를 통해 칭찬이 팀 성과를 높인다는 것을 증명했고, 아마존은 '실패조차 존중하는 칭찬'을 통해 혁신 문화를 만들었습니다. 현대자동차 또한 작은 인정의 말이 조직 전체의 경쟁력을 바꾸는 힘을 직접 보여 주었습니다. 이제, 칭찬을 통해 기업의 문화를 바꾸고 성과를 이끌어 낸 사례를 살펴보겠습니다.

구글(Google):
데이터로 증명한 '칭찬의 힘'

구글은 세계 최고의 IT 기업 중 하나로 손꼽히며, 창의성과 생산성을 동시에 요구받는 환경을 갖추고 있습니다. 그러나 아무리 뛰어난 인재가 모여 있어도, 이들이 서로 협업하고 몰입하지 않으면 탁월한 성과로 이어지기 어렵습니다. 이를 해결하고자 구글은 '무엇이 좋은 팀을 만드는가?'라는 근본적인 질문에 대해 과학적으로 접근했습니다.

구글은 '프로젝트 옥시젠(Project Oxygen)'이라는 조직문화 분석 프로젝트를 통해 팀 성과가 뛰어난 리더들의 공통점을 조사했고, 그중 하나로 구체적인 칭찬의 중요성을 발견했습니다. 예를 들어 "준호가 제안한 사용자 인터뷰 방식은 정말 탁월했어요."라는 말은 기여 지점을 명확히 짚은 인정의 피드백이었습니다. 이는 칭찬이 실제로 업무 몰입과 방향성을 만들어 주는 실질적인 동력임을 보여 줍니다.

이러한 칭찬은 팀원 개인에게는 자존감을 불어넣고, 팀 전체에는 명확한 행동 기준과 기대를 제시하는 역할을 합니다. '칭찬 → 심리적 안전감 → 자기 표현 → 창의적 제안 → 성과 → 재인정'으로 이어지는 선순환 구조가 구글의 팀 문화 전반에 뿌리내리게 되었습니다. 또 이는 팀워크 향상을 넘어 실질적인 혁신 성과로 이어졌습니다.

오늘, 당신도 팀원에게 구체적으로 '무엇이 좋았는지' 말해 보세요. 그 한마디가 또 다른 혁신의 출발점이 될 수 있습니다.

마이크로소프트:
칭찬 문화가 이끈 혁신

2014년 마이크로소프트의 CEO로 취임한 사티아 나델라 역시 비슷한 맥락에서 리더십의 방향을 바꾸었습니다. 취임 당시 마이크로소프트는 실적 중심의 폐쇄적인 문화로 인해 조직 전체가 지쳐 있었고, 협업보다는 경쟁이 우선시되는 분위기 속에서 직원들은 실수를 두려워하며 자신의 의견을 마음 놓고 말하지 못했습니다.

그런 조직을 바꾸기 위해 나델라는 부임 직후 이렇게 선언했습니다.

"우리가 바꿔야 할 가장 중요한 것은 기술이 아니라 문화입니다."

그리고 그는 직접 실천에 나섰습니다. 회의 자리에서 팀원들에게 "이번 데이터 분석 덕분에 전체 전략이 더 명확해졌어요. 당신이 찾아낸 패턴은 우리에게 큰 통찰을 줬습니다."라고 말하며, 성과보다 분석력과 관찰력, 그리고 인식의 과정을 칭찬했습니다.

그가 팀원들의 가치를 하나하나 진심으로 인정하자, 마이크로소프트의 문화 구조 자체가 달라지기 시작했습니다. 심리적 안전감이 자리 잡으면서 조직은 실적과 혁신이라는 두 가지 목표를 동시에 달성해 나가기 시작했습니다. 나델라가 이끄는 조직은 더는 위로부터의 지시를 따르는 구조가 아니었고, 각자가 주도하고 서로를 격려하는 문화로 자리 잡기 시작했습니다.

나델라의 철학은 리더의 한마디 칭찬이 사람을 변화시키고, 조직을 살아 움직이게 한다는 사실을 잘 보여 줍니다. 오늘 당신이 팀원에게 건네는 "그 과정이 정말 인상 깊었어요."라는 말 한마디가 팀 전체의 방향을 바꾸는 출발점이 될 수 있습니다.

NFL 뉴잉글랜드 패트리어츠: 칭찬으로 쌓아 올린 승리의 리더십

NFL은 실수가 용납되지 않는 냉철한 승부의 세계입니다. 그런 치열한 리그에서 뉴잉글랜드 패트리어츠는 무려 20년 이상 최정상의 자리를 지켜 왔습니다. 그 중심에는 철저한 전략가이자 디테일의 제왕으로 불리는 빌 벨리칙 감독이 있었습니다. 외부적으로는 냉정하고 무표정한 인상으로 알려졌지만, 내부에서 그는 정확하게 칭찬해 주는 리더로 통했습니다.

벨리칙은 칭찬을 정확한 관찰에 근거한 피드백의 도구로 활용했습니다. 예를 들어 그는 이렇게 말합니다.

> "2쿼터 중반 네 블로킹 동작, 지난주보다 한 박자 빨랐고,
> 발 위치도 교과서 수준이었어."

그는 언제, 어떤 플레이에서, 무엇이 좋았는지를 구체적으로 짚어 칭찬합니다. 이런 말은 선수들에게 막연한 기분 좋은 말이 아니라, '자신이 실제로 발전한 부분이 무엇인지'를 정확하게 인식하게 해 줍니다. 그 결과 선수들은 자신의 노력과 성장의 방향을 명확히 인지하며, 동시에 더 깊은 몰입과 동기 부여를 얻게 됩니다.

정확한 칭찬은 선수의 집중도와 훈련 태도를 근본적으로 바꿔 놓습니다. 실수 하나에도 승부가 갈리는 NFL에서 구체적 피드백은 자신감을 높이고, 실전에서의 판단력과 반응 속도까지 향상시키는 실질적인 힘이 됩니다.

그 결과는 기록으로 증명됩니다. 슈퍼볼 우승 6회, AFC 챔피언십 9회, 그리고 20년 이상 지속된 리그 최상위 성적. 이 모든 것은 단지 전술과 피지컬만의 결과가 아니었습니다. 정확하고 세심한 칭찬, 그 안에 담긴 신뢰와 인식의 리더십이 만들어 낸 성과였습니다.

사람은 자신이 어떤 부분에서 성장했는지를 들었을 때, 그 일에 더 몰입하게 됩니다. 벨리칙의 칭찬은 감정이 아니라 정확한 관찰과 인식의 언어였고, 그것이 선수들을 성장시켰고, 팀 전체를 하나의 유기적 시스템으로 이끌었습니다.

오늘 당신의 팀에도 "이번에 당신이 보여 준 그 접근 방식, 정말 인상 깊었어요."라고 말해 보세요. 그 말 한마디가, 팀의 몰입과 신뢰를 바꾸는 시작이 될 수 있습니다.

아마존:
제프 베조스의 자율형 칭찬 리더십

아마존은 창업 초기부터 끊임없는 실험과 도전을 통해 성장해 온 기업입니다. 그 놀라운 성장은 시도 자체를 존중하고 칭찬하는 리더십에 기반하고 있습니다. 아마존의 문화에는 '결과가 나쁘더라도, 시도한 것은 존중받아야 한다'는 믿음이 뿌리 깊게 자리하고 있습니다.

한 예로, 어느 팀이 고객 데이터 분석을 통해 새로운 기능을 제안하고 실험했지만, 결과적으로 큰 성과를 내지는 못했습니다. 그럼에도 제프 베조스는 이렇게 말했습니다.

"이 분석 덕분에 우리는 고객의 불편을 더 명확히 볼 수 있게 되었어요. 이 통찰은 큰 자산입니다. 정말 좋은 일 하셨어요."

그는 문제를 인식하고 분석하며 접근한 과정과 태도를 칭찬했습니다. 이러한 칭찬은 조직 구성원에게 '내가 시도해도 괜찮다.', '실패해도 존중받는다.'라는 중요한 인식을 심어 줍니다. 이 믿음은 구성원의 자율성과 도전 정신을 강화시키고, 더 과감한 실험과 창의적 시도를 가능하게 합니다. 칭찬은 조직 내 자율성의 근거가 되어 줍니다.

이러한 문화 덕분에 아마존은 폭발적으로 성장했습니다. 전 세계 전자상거래 1위, AWS를 통한 신규 시장 개척, 고객 중심의 경영 철학, 그리고 피드백과 칭찬이 일상화된 조직 시스템. 이 모든 성과의 중심에는 '무엇을 얻었는가'보다 '어떻게 시도했는가'를 인정하고 존중하는 문화가 있었습니다.

결국 제프 베조스는 칭찬을 통해 조직 전체에 자율과 성장의 정신을 심었습니다. 그는 시도 자체를 귀하게 여기며, 실패한 실험에도 박수를 보내는 리더십을 보여 준 것입니다.

오늘, 당신도 누군가에게 말해 보세요. "이번 시도는 정말 가치 있었어요."라고요. 성과가 없을 때도, 실패했을 때도, 진심 어린 칭찬을 받는 순간 사람은 자신의 가치를 다시 긍정하게 됩니다. 그렇게 긍정된 마음들이 모여 혁신의 시작점이 될 수 있습니다. 오늘 당신이 건네는 한마디가 누군가의 숨겨진 용기를 끌어올릴 수 있습니다.

스티브 잡스와 애플의 부활:
다시 태어난 리더, 다시 태어난 회사

1985년, 스티브 잡스는 자신이 만든 회사 애플에서 해고당했습니다. 열정과 독창성으로 애플을 세계적인 기술 기업으로 성장시켰지만, 지나치게 예민하고 통제적이라는 평가는 조직 내부의 마찰을 불러왔고, 결국 경영권 싸움에서 밀려났습니다. 하루아침에 회사에서 쫓겨난 그는 세상의 조롱 속에서 처음으로 깊은 좌절과 공허함을 마주해야 했습니다. 그토록 몰두해 왔던 일과 정체성을 한순간에 잃어버린 채, 그는 자신이 누구인지조차 의심하게 되었습니다.

그 시절 그의 곁에 남아 있던 소수의 동료들은 스티브에게 이렇게 말했습니다.

> *"당신은 실패한 게 아니라, 더 나은 미래를 위한 준비를*
> *하고 있는 거예요."*

특히 픽사에서 함께 일하던 에드 카템은 그에게 조용히 다가와 말했습니다.

> "당신의 집요함과 창의력은 지금도 사람들을 움직여요.
> 애플이 아니라도, 당신은 세상을 바꿀 수 있는 사람입
> 니다."

이 말들은 스티브 잡스의 존재 자체를 인정하고 지지하는, 깊은 격려의 언어였습니다. 그가 이끌지 않아도, 실패했어도, 여전히 무언가를 만들 수 있는 사람이라는 사실을 상기시켜 주는 말이었습니다. 그에게 필요한 건 분석이 아니라, 존재 자체를 허락하는 칭찬이었습니다.

그 이후 스티브는 자신을 돌아보는 시간을 가졌습니다. 과거의 독단적인 리더십에서 벗어나, 협업과 사용자 경험의 중요성을 이해하기 시작했습니다. 픽사에서 그는 이야기의 힘을 배웠고, 기술이 사람의 감성을 어떻게 움직일 수 있는지 깊이 고민하게 됩니다. 그렇게 사람의 감정을 움직이는 제품을 만들겠다는 그의 비전은 점점 현실이 되었습니다.

애플로 복귀한 잡스는 이전과는 완전히 다른 리더였습니다. '기술은 인간적이어야 한다'는 그의 철학은 제품 디자인부터 사용자의 감정선까지 모든 것에 반영되었고, iMac, iPod, iPhone에 고스란히 녹아들어 전 세계 소비자의 마음을 움직였습니다. 그는 파산 직전

의 애플을 구해 냈고, 애플은 다시 태어나 세계에서 가장 가치 있는 기업으로 올라섰습니다. 그 거대한 변화의 중심에는, 실패한 사람을 다시 일으켜 세운 진심 어린 말 한마디가 있었습니다.

우리는 종종 성공한 사람에게만 칭찬을 건넵니다. 하지만 진짜 칭찬은 실패 앞에서 시작되어야 합니다. 혹시 지금 당신 곁에 실망하고 낙담한 동료가 있다면 "지금도 괜찮아요. 당신은 여전히 무언가를 바꿀 수 있어요."라는 말을 건네 보세요. 그 말이 언젠가 누군가의 세상을 바꾸는 출발점이 될 수 있습니다.

2010년 스페인 축구대표팀:
믿어 준다는 찬사가 만든 팀의 황금기

2000년대 초반까지 스페인 축구대표팀은 천재들의 무덤이라는 오명을 안고 있었습니다. 세계적인 스타들이 즐비했지만, 월드컵이나 유럽선수권대회에서는 늘 8강이나 16강에서 탈락하며 고개를 숙였습니다. 소속팀에서는 눈부신 활약을 펼치던 선수들도, 대표팀 유니폼을 입는 순간 어깨가 무거워졌고, 국민들의 기대는 실망으로, 실망은 곧 비판으로 바뀌었습니다. '늘 기대만 부풀리는 팀'이라는 냉소는 선수들에게 자신감보다 두려움을 심어 주었고, 그 두려움은 결국 경기력에 그림자를 드리웠습니다.

변화는 2008년 비센테 델 보스케 감독의 부임과 함께 시작되었습니다. 그는 기자회견에서 이렇게 말했습니다.

"이 선수들은 모두 최고입니다. 전 그들을 신뢰합니다. 그들의 창의력을 존중하고, 그들이 믿는 방식으로 뛰게 할겁니다."

훈련장에서, 그리고 경기 중에도 그는 소리치거나 강하게 통제하지 않았습니다. 대신 선수들에게 "넌 할 수 있어.", "네 방식이 맞다.", "네가 스페인의 미래다." 같은 신뢰의 언어를 반복했습니다.

특히 스페인의 주축 선수들이 어린 시절부터 익숙했던 바르셀로나식 패스 축구, 이른바 티키타카(Tiki-Taka)를 그대로 살릴 수 있도록 존중해 준 리더십은, 선수들에게 심리적 안정감을 안겨주었습니다. 이는 '너의 방식을 믿는다'는 칭찬의 메시지였습니다.

그 결과 선수들은 점점 실패를 두려워하지 않게 되었고, 과감하고 창의적인 플레이가 경기장 곳곳에서 터져 나오기 시작했습니다. 샤비, 이니에스타, 부스케츠, 비야, 카시야스 등 선수들은 각자의 개성과 스타일을 마음껏 발휘하며, 그라운드 위에서 경기를 즐기기 시작했습니다. 그리고 그 결실은 '2008년 유로 우승, 2010년 월드컵 우승, 2012년 유로 우승'이라는 기록으로 축구 역사에 길이 남게 됩니다.

스페인 대표팀은 3대 국제대회를 연속으로 제패하며 '축구 역사상 가장 완벽한 팀'이라는 찬사를 받았습니다. 그들의 전성기는 칭찬과 존중이 쌓여 만들어진 심리적 안정감, 그리고 그것이 피워 낸 팀워크의 승리였습니다. 감독과 선수 간의 상호 존중, 비난보다 격려가 우선된 팀 분위기가 합쳐져 세계를 정복한 것입니다.

최고의 팀은 실력만으로 만들어지지 않습니다. 실력을 존중받는 분위기에서 진짜 팀이 완성됩니다. "넌 정말 훌륭해. 네가 있어서 다행이야."라는 칭찬 한마디가 선수를 용감하게 만들고 서로를 믿게 하며 결국 경기를 지배하게 합니다.

리더가 해야 할 가장 강력한 일은 이미 잘하고 있는 사람을 더 잘하도록 격려하는 것입니다. 누군가의 재능을 존중하고 진심으로 지지해 주세요. 그 말은 팀 전체의 분위기를 바꾸고, 함께하는 이들의 가능성을 열어 주는 시작점이 될 수 있습니다.

현대자동차:
칭찬으로 바꾼 조직 문화와 경쟁력

한때 현대자동차는 '빠른 생산, 철저한 관리'로 상징되는 한국식 제조업의 대표 기업이었습니다. 성과는 분명했지만 조직 내부에는 상명하복의 문화가 깊게 자리 잡고 있었고, 직원들의 창의성과 자율성은 상대적으로 억눌리는 분위기였습니다. 회의에서는 의견을 내기보다 지시에 따르는 것이 익숙했고, 동료나 상사 간에는 칭찬보다 지적이 더 자주 오갔습니다. 변화의 필요성은 인지되고 있었지만, 구체적으로 무엇을 어떻게 바꿔야 할지 실마리는 쉽게 보이지 않았습니다.

2010년대 중반, 글로벌 시장에서의 경쟁력을 높이기 위해 현대자동차는 조직 문화 혁신에 착수했습니다. 그 중심에는 정의선 부회장이 있었습니다. 그는 임직원들에게 이렇게 말했습니다.

> *"좋은 제품은 좋은 분위기에서 나옵니다. 우리가 서로에게 먼저 '고맙다', '잘했다'는 말을 주고받을 수 있는 문화가 필요합니다."*

이 한마디는 조직의 방향을 바꾸는 작은 물결이자 선언이었습니다. 이후 현대차는 전사적으로 칭찬 릴레이 프로그램을 시작했고, 우수 사례를 공유하고, 수평적인 회의 문화와 팀워크 기반의 칭찬 문화를 장려하기 시작했습니다. 관리자는 직원의 노력을 수시로 인정했고, 현장에서는 작지만 실질적인 칭찬이 일상화되었습니다.

처음에는 어색하고 낯설게 느껴졌던 칭찬 문화였지만, 시간이 지나면서 점점 사람들의 태도가 바뀌기 시작했습니다. 회의에서 자유롭게 의견을 말할 수 있는 분위기가 생겼고, 서로의 노고를 알아봐 주는 습관이 조직 안에 자리 잡았습니다. '누군가 내 일을 알아주고 있구나!'라는 감정은 직원들에게 동기를 부여했고, 이는 곧 품질과 아이디어에 대한 책임감으로 이어졌습니다.

그 결과는 숫자와 제품으로 나타났습니다. 제품의 완성도가 높아졌고, 브랜드 신뢰도 역시 함께 상승했습니다. 현대차는 미국 JD파워 품질조사에서 상위권에 이름을 올리며 국제적으로도 인정받기 시작했습니다. 디자인, 안전성, 전기차 기술 등 다양한 분야에서 세계 시장의 주목을 받았고, 특히 아이오닉5와 같은 전기차는 기술력뿐 아니라 감성적 브랜드 이미지에서도 긍정적인 평가를 얻었습니다. 그 변화의 밑바탕에는 단순히 시스템을 바꾸는 것을 넘어, 사람을 바라보는 태도와 말의 방향을 바꾼 리더십이 있었습니다.

결국 시스템을 넘어 조직을 움직이는 힘은 사람에 대한 존중에서 나옵니다. 조직 문화란 거창한 것이 아닙니다. 하루에 한 번 "수고했어요.", "덕분이에요.", "좋은 아이디어네요." 같은 말을 건네는 것에서 시작됩니다. 현대자동차의 변화는 칭찬이라는 작은 말이 어떻게 조직 전체의 분위기와 에너지를 바꿀 수 있는지를 분명하게 보여 줍니다.

업무만이 아니라, 사람을 존중하고 서로를 격려하는 말이 조직 안에 자리 잡을 때, 그 조직은 비로소 진짜 경쟁력을 갖게 됩니다. 우리가 속한 곳도 마찬가지입니다. 큰 개혁보다 먼저, 작고 따뜻한 말 한마디에서부터 새로워질 수 있습니다.

： 따뜻한 마음 한 줌, 당신께 드리는 작은 칭찬 ：

당신의 칭찬이 조직을 바꿉니다.

당신의 따뜻한 칭찬 한마디가
사람을 움직이고, 팀을 움직입니다.

그 한마디가 동료의 마음을 열고,
작은 성과가 큰 성과로 이어지게 만듭니다.

당신은 분위기를 살리는 사람입니다.
당신의 말 한 줄이 협업을 부드럽게 만들고,
그 신뢰가 모여 조직 전체를 성장시킵니다.

회사도, 공동체도 결국은
마음으로 움직이는 사람들이 이끌어 갑니다.
당신은 그 마음을 먼저 건네는 사람입니다.

4부

" · · · · · · · · · · · · "

최고의 칭찬
9가지 법칙

① 즉시 칭찬하라

"누군가를 칭찬하는 것은
그 사람의 가치를 인정하는 것이다."
– 시드니 스미스

칭찬은 타이밍, 감동의 순간을 놓치지 말라

칭찬은 단순한 말이 아닙니다. 그 말이 언제 전해지느냐에 따라, 단어가 지닌 따뜻함도 전혀 다르게 다가옵니다. 진심을 담은 말이라도, 때를 놓치면 감동이 반으로 줄어들고, 오히려 어색하게 들릴 수 있습니다. 그렇기에 좋은 칭찬은 반드시 '즉시' 전해야 합니다.

사람의 마음은 감정의 온도와 함께 움직입니다. 감동의 순간, 감사의 마음, 인상 깊은 장면은 시간이 흐를수록 그 열기를 잃어 갑니다. '조금 이따 말해야지.' 하고 미루는 사이, 그 따뜻함은 사라지고, 막상 전할 때쯤엔 마음이 식어 버리거나 분위기가 지나가 버리기 마련입니다. 그 결과, '그때 했더라면 울림 있었을 말'은 결국 형식적인 인사처럼 들리고 맙니다.

칭찬은 타이밍이 생명입니다. 눈앞에서 누군가가 좋은 행동을 했을 때, 감탄하거나 감동을 느낀 바로 그 순간, 그 자리에서 전하는 짧은 한마디가 가장 큰 힘을 발휘합니다. 그 말은 단지 "잘했어요."를 넘어서,

"나는 지금 당신을 주목하고 있고, 당신의 행동을 인정합니다."

라는 강한 메시지가 됩니다. 즉시 건네는 칭찬은 상대방에게 "지금 이 순간, 당신은 소중한 존재입니다."라고 말하는 효과를 줍니다.

사람은 지금 인정받고 싶어 합니다. 과거의 수고에 대한 말보다, 현재의 행동에 대한 칭찬이 훨씬 더 생생하고 진하게 다가옵니다. 제때 전하는 칭찬은 상대의 마음을 환히 밝히고, 그 자리의 분위기마저 따뜻하게 바꿉니다.

● 사례 1. 칭찬, '무엇'보다 '언제'가 중요한 이유

중학교 합창부에서 대회 준비가 한창이었습니다. 연습 과정에서 평소 말수가 적던 준호가 과감하게 새로운 화음을 제안했습니다. 처음엔 다소 생소했지만, 실제로 적용해 보니 곡의 분위기가 훨씬 풍성해졌습니다. 순간 합창부 전체가 놀랐고, 지도 선생님도 만족스러운 표정을 지었습니다.

준호는 속으로 '이번엔 내가 잘했구나!' 하는 뿌듯함을 느꼈습니다. 하지만 그날 연습이 끝날 때까지 선생님은 아무 말도 하지 않았습니다.

며칠 뒤, 회의 자리에서 선생님이 무심한 듯 이렇게 말했습니다.

"아, 지난번에 준호가 제안한 화음, 정말 괜찮았어. 덕분에 곡이 훨씬 좋아졌어."

칭찬을 듣기는 했지만, 준호의 얼굴은 기대만큼 환해지지 않았습니다. 이미 며칠이 지나 열기가 식은 상태였고, 그사이 준호는 '아무도 내 노력을 크게 보지 않았구나.'라는 생각을 하고 있었기 때문입니다.

만약 그날 연습 직후, 선생님이 이렇게 말했다면 어땠을까요?

"준호야, 네가 방금 제안한 화음 정말 멋졌다! 덕분에 곡이 훨씬 풍성해졌어. 네가 팀에 큰 도움이 됐구나."

즉시 받은 칭찬은 준호에게 강력한 자신감을 주었을 것입니다. 하지만 타이밍을 놓치자, 같은 말이라도 감동은 반감되고 말았습니다.

칭찬은 무엇을 말하느냐보다 언제 말하느냐가 훨씬 더 중요할 때가 있습니다. 즉시 주어지는 칭찬은 그 순간의 감정을 붙잡아 두어 오래도록 기억되지만, 시간이 지나서 건네는 칭찬은 상대방의 마음에 깊이 남지 못합니다.

적시성 있는 칭찬은 단순한 격려가 아니라, 상대의 존재와 행동을 즉각적으로 인정하는 강력한 메시지입니다.

● 사례 2. 공원을 깨끗하게 만든 청년과 아주머니의 한마디

요즘 마라톤에 도전해 보겠다는 마음으로 아침 운동을 시작했습니다. 햇살이 부드럽게 내려앉는 공원. 사람들은 저마다의 운동 루틴으로 하루를 열고 있었죠.

그날도 저는 평소처럼 조깅을 하고 있었는데, 한 청년이 숨을 고르며 걸음을 멈춘 장면이 눈에 들어왔습니다. 그 앞에는 굴러다니는 빈 깡통과 종이컵 하나. 청년은 잠시 멈칫하더니, 이내 허리를 숙여 그것들을 주워 들고, 근처 쓰레기통에 조심스럽게 버렸습니다.

그 모습을 우연히 지켜보던 한 아주머니가 청년에게 다가가 말했습니다.

"그냥 지나칠 수도 있었을 텐데, 이렇게 치워 주셔서 고마

워요. 덕분에 공원이 더 깨끗해졌네요.”

청년은 조금 당황한 듯 얼굴이 붉어졌지만, 이내 환하게 웃으며 말했습니다.

“별일 아닌데요. 감사합니다.”

그 짧은 대화는 그 자리에 있던 저를 포함해 주변 사람들의 마음에 잔잔한 파문을 일으켰습니다. ‘칭찬’이란 게 이렇게나 따뜻하고 조용하게 사람의 마음을 움직일 수 있구나, 새삼 깨달았죠.

그날 이후, 저도 자연스레 주운 쓰레기를 쓰레기통에 넣게 되었고, 그 모습을 본 또 다른 사람이 따라하는 모습도 보았습니다. 그 모든 시작은 청년의 행동과, 아주머니의 단 한마디 칭찬이었습니다.

누군가의 작은 선행에 “고맙다”고 말해 주는 용기, 그 말이 또 다른 행동을 만들고, 결국 모두가 함께 바꾸는 변화를 만들어 내는 힘이 되었던 것입니다. 말은 짧았지만, 그 울림은 오래 남았습니다.

오늘도 저는 생각합니다. 누군가의 선한 행동을 그냥 지나치지 않고, 마음을 담아 따뜻하게 말해 주는 사람이 되고 싶다고요.

가까운 관계일수록 즉시 말하라

낯선 사람에게는 쉽게 "수고했어요.", "고마워요."라고 말을 건네면서도, 정작 가족이나 가까운 동료에게는 칭찬을 미루거나 생략하는 경우가 많습니다. '말 안 해도 알겠지, 뭐.', '당연한 거지.'라는 생각 때문이지요. 이 때문에 가장 가까운 관계일수록 당연하게 여겨진 노력과 배려가 쉽게 지나쳐 버려집니다.

가까운 사이의 칭찬은 단순히 기분 좋게 하는 말이 아닙니다. 그것은 '나는 네 행동을 당연하게 여기지 않고, 지금 이 순간 소중히 보고 있다.'는 메시지입니다.

시간이 지난 뒤에 "그때 고마웠어."라고 말하는 것보다, 바로 그 순간 "고맙다, 덕분에 편해졌어."라고 말해 주는 것이 훨씬 더 진하게 전달됩니다. 그 자리에서 전한 말은 단순한 감사가 아니라, 살아 있는 인정이 되기 때문입니다.

그리고 그 즉각적인 인정은, 상대에게 '내가 가족 안에서, 팀 안에서 중요한 존재구나!'라는 소속감과 자부심을 심어 줍니다. 이는 곧 관계의 따뜻함을 키우는 씨앗이 됩니다.

● **사례 3. 아들의 작은 배려, 수건걸이에 담긴 따뜻한 마음**

하루를 마치고 샤워를 하려 욕실에 들어섰습니다. 그런데 문을 열자마자 눈에 들어온 건, 며칠 전부터 헐거워져서 자꾸 수건이 떨어지던 수건걸이가 단단히 고정되어 있는 모습이었습니다.

순간 '어? 이거 언제 고쳤지?' 하고 놀란 표정으로 나왔더니, 소파에 앉아 있던 아들이 말없이 휴대폰을 만지작거리고 있었습니다. 조용히 다가가 물었더니, 아들은 멋쩍게 웃으며 말했습니다.

"아까 샤워하려고 들어갔는데 자꾸 수건이 떨어지길래… 드라이버로 조여 놓았어요."

나는 순간 마음이 뭉클했습니다. 나 역시 며칠 전부터 수건이 자꾸 바닥에 떨어져 짜증이 났지만, '언젠가 하겠지' 하고 그냥 넘기고 있었던 문제였기 때문입니다. 그런데 아들이 아무 말 없이, 누구의 부탁도 없이, 먼저 나서서 해결해 준 것입니다.

나는 그 순간을 놓치지 않고 따뜻하게 말했습니다.

"와, 네가 고쳐 놓았구나! 아빠도 계속 불편하다고 생각만 하고 있었는데…. 네가 먼저 알아서 해 줘서 너무 고맙다. 덕분에 욕실이 훨씬 깔끔하고 편해졌어."

아들은 괜히 민망한 듯 웃으며 말했습니다.

"그냥 보이길래요."

나는 그 자리에서 아들의 등을 토닥이며 다시 말했습니다.

"그 '보이길래'가 참 대단한 거야. 그냥 지나치지 않고 고쳐 놓은 그 마음이 우리 집을 더 따뜻하게 만들었어. 정말 잘했다."

칭찬은 마음이 움직일 때 바로 건네는 것이 가장 좋습니다. 아들의 작은 행동은 그저 수건걸이를 고친 것에 그치지 않고, 가족의 불편을 살피고 챙기려는 마음이 담긴 작은 배려의 기술이었습니다.

의도하지 않은 순간도 즉시 칭찬하라[1]

칭찬은 때를 놓치지 않고, 의도하지 않은 순간에도 즉시 건네야 합니다. 그럴 때 상대는 자신 안의 선한 가능성을 발견하고, 자율적으로 더 좋은 행동을 이어 가게 됩니다.

사람은 스스로 노력해서 얻은 성취보다, 자신도 의식하지 못한 순간에 드러난 선한 행동을 칭찬받을 때 더 깊은 감동을 받습니다. 그것은 본능 속에 숨어 있던 '좋은 나'를 발견하는 순간이기 때문입니다.

예를 들어, 겉모습만 보면 불량해 보이는 학생이 있습니다. 그런데 길을 걷던 중, 한 어르신이 넘어지려는 순간 본능적으로 손을 뻗어 부축해 드렸습니다. 계산하거나 의도한 행동이 아니라, 몸이 먼저 반응한 것이지요. 만약 누군가가 그 장면을 보고 "와, 네 안에 따

---

1   출처: 김경일 교수 강연

뜻한 마음이 있구나. 정말 멋졌다."라고 말해 준다면, 그 학생은 어떤 마음이 들까요?

그는 이렇게 깨닫게 됩니다.

'내가 의도하지 않았는데도 좋은 행동을 했구나. 나에게도 이런 좋은 면이 있구나.'

이 깨달음은 자기 긍정을 강화합니다. 그리고 그 긍정은 또 다른 선한 행동을 낳습니다. 작은 반사적 행동 하나가 사람의 내면을 바꾸고, 삶의 방향을 새롭게 열어 줄 수도 있는 것입니다.

● 사례 4. 청소년 회복시설에서의 한 장면[2]

제가 청소년 회복지원시설에서 본 장면이 있습니다. 한 청소년이 무심코 길가에 서 계신 할머니의 무거운 짐을 들어 드렸습니다. 별 생각 없이 한 행동이었지만, 그 모습을 본 감독관이 지나가며 툭 던지듯 말했습니다.

"보기보다 괜찮은 데가 있는 친구구만."

그 청소년은 나중에 그 말을 오랫동안 기억했다고 고백했습니다.

---

2   출처: 김경일 교수 강연

의도하지 않았던 행동을 알아주고 칭찬해 준 단 한마디가, 그에게는 삶을 바라보는 시각을 바꿀 만큼 큰 의미로 남았던 것입니다.

이처럼 예상하지 못한 행동을 칭찬하는 것은 단순히 기분 좋게 만드는 말이 아닙니다. 그것은 상대의 자율성을 자극하고, 더 좋은 행동으로 이어지게 하는 내면의 불씨를 키워 줍니다.

칭찬은 잘 준비된 무대 위의 성과만을 위한 것이 아닙니다. 때로는 무심코 흘러나온 한마디 친절, 반사적으로 내민 손길, 예상치 못한 순간의 따뜻한 마음을 비춰 줄 때, 그 칭찬은 가장 강력한 울림을 남깁니다.

칭찬은 곧 '관계의 현재 시제'입니다. 지금 주목하고 있다는 표시, 지금 감탄하고 있다는 표현, 지금 고맙다는 마음을 담은 실천입니다. 칭찬은 그 자체로 좋은 말이지만, 제때에 전해질 때 비로소 힘을 갖습니다. '나중에'가 아닌 '지금', '생각만'이 아닌 '실행'이 될 때, 그 칭찬은 누군가의 하루를 바꾸고, 관계를 더 깊고 건강하게 만들어 줍니다.

지금 눈앞에서 누군가가 보여 준 좋은 행동, 감동적인 순간을 그냥 지나치지 마십시오. 그 자리에서 전하는 짧은 한마디가 상대의 하루를 환하게 밝히고, 오랫동안 기억에 남는 따뜻한 경험이 될 것입니다.

∴ 따뜻한 마음 한 줌, 당신께 드리는 작은 칭찬 ∴

지금 이 글을 읽고 있는 당신,
정말 멋집니다.

삶의 한가운데에서 멈추어,
마음을 성장시키는 시간을 선택했다는 건
이미 스스로에게 주는 가장 큰 칭찬이에요.

오늘, '멋진 나'를 미루지 말고
지금 바로 인정해 주세요.

"잘하고 있어요. 바로 당신이요."

② 이름을 불러 칭찬하라

"칭찬은 사람의 영혼을 밝히는 빛과 같다."

– 조지 워싱턴

이름을 넣은 칭찬의 힘[1]

사람은 누구나 자기 이름에 특별한 애착을 가지고 있습니다. 시끌벅적한 공간에서도 자기 이름이 들리면 바로 고개를 돌리게 되는 이유도 여기에 있습니다. 뇌과학 연구에 따르면, 인간의 뇌는 수많은 단어 중에서도 자기 이름에 가장 강력하게 반응한다고 합니다. 그렇기 때문에 칭찬할 때 이름을 함께 불러 주는 것은 단순한 언어

---

1   출처: 김경일 교수 강연

적 장식이 아니라, 상대의 마음을 여는 중요한 열쇠가 됩니다.

"수고했어."라는 말과 "석재야, 오늘 정말 수고 많았다."라는 말은 같은 뜻을 담고 있지만, 울림의 깊이는 다릅니다. 첫 번째 말이 누구에게나 할 수 있는 일반적인 칭찬이라면, 두 번째 말은 개인에게 정확히 닿는 칭찬입니다. 이름이 들어감으로써 그 칭찬은 다른 누구도 아닌, 바로 '나'에게 주어진 말이 됩니다. 듣는 사람은 자신이 존중받고 있다는 느낌을 강하게 받습니다.

이름은 인격을 담는 또 다른 언어

심리학자들은 이름을 넣어 하는 칭찬을 '인격을 담은 칭찬'이라고 부르기도 합니다. 상대의 이름을 불러 주는 순간, 칭찬은 단순히 행동을 인정하는 차원을 넘어, 그 사람의 존재 자체를 존중하는 메시지가 됩니다.

예를 들어, 아이에게 "잘했어."라고 말하는 것보다 "지윤아, 오늘 그림 그린 거 정말 멋지더라."라고 말하면, 아이는 자신의 노력뿐 아니라 존재 전체가 인정받았다고 느낍니다. 직장에서도 마찬가지입니다. "고생했어."라는 말보다 "정훈 씨, 이번 프로젝트에서 끝까지 집중해 준 덕분에 팀이 잘 마무리됐습니다."라는 칭찬은 훨씬 더 큰 동기 부여가 됩니다.

자기 자신에게도 이름을 불러 칭찬하라[2]

우리는 타인에게는 따뜻한 말을 잘 건네지만, 자기 자신에게는 인색한 경우가 많습니다. 그러나 이름을 넣은 칭찬은 자기 자신에게도 똑같이 강력한 힘을 줍니다.

칭찬은 타인에게만 필요한 것이 아닙니다. 나 자신에게도 칭찬은 강력한 힘을 줍니다. 다만 "나 잘했어."라고 막연히 말하면 어색하고 작위적으로 느껴지기 쉽습니다. 이때도 이름을 불러 주는 방식이 효과적입니다.

"석재야, 오늘 글 쓰느라 참 고생했다."
"석재야, 세운 계획을 끝까지 지켜 낸 거 정말 멋지다."

이렇게 자기 이름을 넣어 스스로 칭찬하면, 스스로를 위로하고 회복하게 할 뿐만 아니라 실제로 마음 깊이 울림을 주는 피드백이 됩니다. 특히 작은 목표를 세우고, 그것을 달성했을 때 이름을 넣어 칭찬하는 습관은 자기 성장의 동력을 크게 높여 줍니다.

많은 사람들은 타인에게는 따뜻한 말을 건네면서, 정작 자신에게

---

2   출처: 이수연 소장 강연

는 인색합니다. 그러나 자기 자신에게 하는 칭찬이야말로 가장 큰 힘이 됩니다. 내가 먼저 건강하고 행복해야 가족에게도 더 따뜻할 수 있습니다. 자기 자신에게 칭찬을 건네는 것은, 결국 주변 사람들을 위한 투자이기도 합니다.

작은 습관이 만드는 큰 차이

칭찬에 이름을 담는 것은 단순한 기술이 아닙니다. 그것은 상대를 하나의 존재로 존중한다는 가장 직접적이고 분명한 표현입니다. 이름이 불릴 때 사람은 '내가 보이지 않는 사람이 아니구나. 나는 존중받고 있구나!'라는 확신을 얻습니다.

우리는 흔히 칭찬을 '좋은 말'로 생각합니다. 하지만 이름을 담은 칭찬은 말의 차원을 넘어, 존재를 인정하고 마음을 세워 주는 행위입니다. 작은 한마디가 누군가의 자존감을 붙잡아 주고, 관계를 단단히 이어 주며, 오래도록 기억 속에 남을 수 있습니다.

그러니 앞으로 누군가에게 칭찬을 건넬 때는 잠시 멈추어, 이름을 불러 주는 습관을 들여 보세요. "오늘 수고했어요."가 아니라, "석재 씨, 오늘 정말 수고 많았어요."라고요. 그 짧은 차이가 상대의 마음에 남는 울림은 전혀 다릅니다.

이름이 담긴 칭찬은 순간을 따뜻하게 만들고, 관계를 오래도록 지켜 주는 다리가 됩니다. 작은 습관 하나가 누군가의 하루를 밝히고, 결국 당신의 삶 전체를 더 따뜻하게 바꿔 줄 것입니다.

⠿ 따뜻한 마음 한 줌, 당신께 드리는 작은 칭찬 ⠿

당신의 이름을 불러 주고 싶어요.

그 이름 안에는
지금까지 살아온 이야기와
용기가 들어 있겠지요.

당신이 이 책을 펼친 이유 또한
스스로를 조금 더
사랑하고 싶어서일 거예요.

당신의 이름이
세상에서 가장 고운 말처럼 들립니다.

③ 구체적으로 칭찬하라

"진정한 리더는

사람들의 장점을 발견하고 칭찬하는 사람이다."

– 존 C. 맥스웰

구체적인 칭찬이 마음을 움직인다[1]

많은 사람들은 칭찬을 받으면 누구나 기분이 좋아질 것이라고 생각합니다. 하지만 실제로는 그렇지 않습니다. 우리는 종종 누군가에게 "잘했어", "수고했어"라는 말을 쉽게 건넵니다. 분명 격려의 마음을 담았는데도, 상대방이 크게 감동하지 않거나 가볍게 흘려듣는 경우가 많습니다. 왜 그럴까요?

1 　출처: 이동귀 교수 강연

그 이유는 칭찬이 구체적이지 않기 때문입니다. 진정성이 없는 칭찬, 이른바 '영혼 없는 칭찬'은 상대에게 쉽게 들키며 오히려 마음을 불편하게 만듭니다. 또한 "잘했어"처럼 단편적이고 구체적이지 않은 칭찬은 상대방에게 별다른 울림을 주지 못합니다. 상대가 어떤 점에서 잘했는지, 그 행동이 어떤 결과로 이어졌는지를 분명히 짚어 주지 않으면, 칭찬은 공허한 메아리처럼 금세 사라집니다.

사람은 자신이 애쓴 부분을 누군가 정확히 알아줄 때 마음 깊이 울림을 느낍니다. 그래서 칭찬은 '무엇을, 어떻게, 왜 좋았는지'를 함께 말할 때 비로소 진정한 힘을 발휘합니다. 단순히 "좋았어"라는 말보다 "오늘 발표할 때 자료를 보기 쉽게 정리해 줘서 팀이 빠르게 이해할 수 있었어."라는 말이 훨씬 큰 동기를 주는 이유가 바로 여기에 있습니다.

칭찬이 힘을 가지려면 막연한 격려가 아니라, 구체적 맥락이 필요합니다. 그 핵심은 바로 세 가지입니다.

- 무엇을 → 상대가 한 구체적인 행동을 짚어 주기
- 어떻게 → 그 행동이 어떤 방식으로 발휘되었는지를 설명하기
- 왜 좋았는지 → 그 행동이 나나 팀, 상황에 어떤 긍정적 영향을 주었는지를 알려 주기

이 세 가지 요소가 들어간 칭찬의 사례를 알아볼까요?

사례 1.

구체적 칭찬, 학급의 분위기를 바꾸다

한 초등학교 3학년 반에서 있었던 일입니다. 수업 시간, 아이들은 미술 활동을 하고 있었습니다. 다들 색연필이나 크레파스로 그림을 그리고 있었는데, 한 아이는 연필 하나로만 작은 꽃을 그리고 있었습니다. 선이 매끄럽지 않아 얼핏 보면 삐뚤빼뚤해 보였습니다. 옆에 있던 친구들이 "왜 색칠 안 해? 허전해 보인다."라며 웃기도 했습니다.

그 모습을 본 선생님은 그냥 넘어가지 않았습니다. 수업이 끝날 무렵, 아이들 앞에서 그 그림을 칭찬해 주었습니다.

> "얘들아, 민수 그림 한번 볼래? 민수는 오늘 색을 입히지
> 않고 연필 선만으로 꽃의 느낌을 살렸어. 단순해 보이지
> 만 꽃잎 하나하나를 자세히 관찰한 흔적이 보여. 이건 정
> 말 대단한 표현력이야."

아이들은 갑자기 조용해졌습니다. 그제야 민수의 그림을 다시 보며 고개를 끄덕였습니다. 그리고 민수의 얼굴에는 환한 미소가 번졌습니다. 자신이 특별히 잘한 게 없다고 생각했는데, 선생님이 구체적으로 짚어 주니 '내가 잘하는 게 있구나!' 하는 확신이 생긴 것

이었습니다.

그날 이후, 민수는 그림을 더 열심히 그리기 시작했고, 다른 아이들도 서로의 작품을 대충 보지 않고 구체적으로 칭찬해 주는 습관을 갖게 되었습니다.

"잘했어."라는 말이 아니라 "연필 선만으로 꽃의 느낌을 표현했다."라는 구체적인 칭찬이 아이에게 자신감을 심어 줬다는 것입니다. 그 한마디는 민수뿐 아니라 반 전체의 분위기를 바꾸는 힘이 되었습니다.

사례 2.
회의실에서 울린 구체적 칭찬

아침 회의가 시작되기 전, 팀원들은 분주하게 자리에 앉았습니다. 신입사원 지훈 씨는 긴장된 얼굴로 프레젠테이션 자료를 정리하고 있었지요. 오늘은 그가 처음으로 회의 자료를 준비해 팀 앞에서 설명하는 날이었습니다.

회의가 시작되고, 지훈 씨는 차분히 준비한 자료를 화면에 띄웠습니다. 보고서는 핵심만 뽑아 도표와 함께 깔끔하게 정리되어 있었습니다. 덕분에 팀원들은 내용을 한눈에 이해할 수 있었고, 회의는 예상보다 훨씬 빠르게 진행되었습니다.

회의가 끝난 뒤, 팀장은 지훈 씨를 바라보며 환하게 웃으며 말했습니다.

"지훈 씨, 오늘 회의 준비 잘했어."

지훈 씨는 잠시 안도의 미소를 지었지만, 마음속에서는 '그냥 형식적인 말씀이겠지.'라는 생각도 스쳤습니다. 그런데 이어진 팀장의 한마디가 달랐습니다.

> "오늘 회의 자료에서 핵심 내용을 간단히 정리해 준 덕분에 팀원들이 빠르게 이해할 수 있었어. 그래서 회의가 훨씬 효율적으로 진행됐어."

그 순간, 지훈 씨의 눈빛이 반짝였습니다. 자신이 어떤 부분을 잘했는지, 그것이 팀 전체에 어떤 긍정적인 결과를 가져왔는지가 분명히 전해졌기 때문입니다.

회의실 밖으로 나오던 지훈 씨는 속으로 '내가 한 방식이 도움이 됐구나. 다음에도 이렇게 준비해야겠다.'라고 되뇌었습니다. 팀장의 구체적 칭찬 한마디는 신입사원 지훈 씨에게 단순한 격려가 아닌 자신감과 성장의 동력이 되었습니다.

무엇을, 어떻게, 왜 좋았는지를 다시 한번 정리해 볼까요?

– 무엇을: 핵심 내용을 정리해 줬다
– 어떻게: 팀원들이 빠르게 이해할 수 있었다

– 왜 좋았는지: 회의가 효율적으로 진행됐다

사례 3.

작은 준비와 칭찬이 만든 큰 자신감

대형 세미나가 열리는 호텔 컨벤션홀. 객석에는 수천 명의 청중이 자리를 메우고, 무대 위에는 강의를 준비하는 스태프들의 분주한 발걸음이 오가고 있었습니다. 오늘은 젊은 여성 강사 은지 씨가 처음으로 대규모 청중 앞에 서는 날이었습니다.

평소 자신감 있는 목소리를 가지고 있었지만, 수천 명의 시선을 한 몸에 받는다는 건 결코 쉽지 않았습니다. 은지 씨는 발표 전날까지도 '내가 잘할 수 있을까?'라는 걱정을 떨칠 수 없었습니다. 그러다 문득 그녀는 결심했습니다.

"내가 나를 조금 더 당당하게 보이게 해야겠다."

그녀는 세미나를 위해 새 옷을 준비했습니다. 깔끔한 블라우스와 단정하면서도 세련된 재킷. 거울 앞에 선 순간, 은지 씨는 마음속에 작은 확신이 피어오르는 것을 느꼈습니다.

"그래, 오늘은 무대에서 빛날 수 있어."

드디어 강연이 시작되고, 은지 씨는 무대 위로 걸어 나갔습니다. 청중의 눈길이 쏟아졌지만, 그녀는 위축되지 않았습니다. 오히려 차분하게 미소를 지으며 발표를 시작했습니다. 준비한 자료를 하나씩 설명해 나갈 때마다 청중의 고개가 끄덕여졌습니다.

강연이 끝난 뒤, 한 참가자가 다가와 말했습니다.

> "강사님, 오늘 강의 내용도 정말 좋았지만, 무대에 서신
> 모습이 너무 당당해 보여서 더 집중할 수 있었어요. 특히
> 재킷이 강사님 분위기랑 잘 어울려서 훨씬 프로페셔널하
> 게 느껴졌습니다."

은지 씨는 순간 얼굴이 밝아졌습니다. 단순히 옷을 칭찬받은 것이 아니라, 그 옷이 자신감을 북돋아 주었고, 청중 앞에서의 태도까지 긍정적으로 보였다는 이야기를 들으니 마음 깊이 힘이 생겼던 겁니다.

그날 이후 은지 씨는 무대에 설 때마다 '내가 선택한 작은 준비가 나를 더 당당하게 만든다'는 사실을 기억했습니다. 그리고 친구들에게도 "강의는 내용만 준비하는 게 아니야. 나를 세워 주는 마음가짐과 태도, 그리고 때로는 옷 한 벌이 무대에서의 힘이 되기도 해."라고 말했습니다.

이처럼 구체적인 칭찬은 단순한 격려가 아닙니다. 그 안에는 이런 메시지가 숨어 있습니다.

"나는 당신을 주의 깊게 보고 있어요."
"나는 당신의 노력을 존중하고 있어요."
"당신은 소중한 사람입니다."

이 메시지는 듣는 사람에게 강한 심리적 안정감을 주고, 자신감을 심어 줍니다. 무엇보다 '내가 한 행동이 의미 있었구나.'라는 확신이 생길 때, 사람은 더 나은 행동을 자발적으로 선택하게 됩니다.

구체적인 칭찬은 상대에게 주는 선물인 동시에 관계를 위한 깊은 투자입니다. 그냥 지나칠 수 있는 순간에도 "오늘 그 행동 덕분에 모두가 편해졌어."라고 말하는 것, 그것이 바로 구체적 칭찬의 힘입니다.

오늘 하루, 누군가의 작은 행동을 그냥 흘려보내지 말고 눈여겨보세요. 그리고 그 안에서 발견한 의미 있는 순간을 구체적인 말로 표현해 보세요. 그 진심 어린 한마디가 상대의 자존감을 세우고, 내일을 살아갈 힘이 되어 줄 것입니다.

당신은 '읽는다'는 행위를 통해
마음을 키우고 있네요.

한 문장에 머물고,
한 문단에서 의미를 찾는
그 집중력.

그게 얼마나
아름다운 일인지 아시나요?

당신의 사려 깊음과 진지함이
이 글을 완성시킵니다.

4 재능보다
노력과 과정을 칭찬하라

"칭찬을 받을 자격이 있는 사람에게

칭찬을 아끼지 마라."

– 세르반테스

재능 칭찬 중심의 사회[1]

우리는 누군가를 칭찬할 때 무심코 이런 말을 자주 합니다.

"머리가 좋네."
"타고난 감각이 있구나."
"너는 참 재능이 있어."

---

1   출처: 김경일 교수 강연

이 말들은 듣는 순간, 기분이 나쁘지 않습니다. 오히려 특별한 사람처럼 인정받는 듯한 느낌을 줄 수도 있습니다. 하지만 심리학 연구는 다른 이야기를 들려줍니다. 재능 중심의 칭찬은 단기적으로는 기분을 좋게 만들지 모르지만, 장기적으로는 성장을 방해할 수 있다는 것입니다. 왜냐하면 재능에 대한 칭찬은 결과와 직결되기 때문입니다.

그래서일까요? 우리 사회에서는 흔히 "나 공부 안 했어.", "준비 하나도 안 했어."라는 말을 마치 경쟁처럼 주고받습니다. 사실은 며칠 밤을 새워 준비했음에도 굳이 노력하지 않았다고 말하는 경우도 많습니다. 이는 노력 자체가 존중받지 못하고, 재능이 더 고귀한 것으로 여겨지는 왜곡된 문화 때문입니다.

이런 분위기 속에서는 노력을 드러내기보다 숨기게 되고, 실패하면 "나는 재능이 없구나."라는 잘못된 결론에 빠지게 됩니다. 결국 재능 중심의 칭찬은 아이와 어른 모두에게 동기 부여보다는 부담감을 주는 결과로 이어집니다. 그 사람의 태도, 자세에 대해 칭찬하고 가치를 인정해야 진정한 동기 부여로 이어집니다.

결과가 아닌 여정을 칭찬할 줄 아는 눈

우리는 칭찬할 때 자주 '결과'에 주목합니다. 시험을 잘 본 아이에게 "우와, 1등 했구나!", 프로젝트를 성공시킨 동료에게 "역시 능력자야!"라고 말합니다. 물론 이런 말들은 상대의 성취를 인정해 주는 좋은 표현입니다. 하지만 이처럼 결과에만 초점을 맞춘 칭찬은 아주 중요한 것을 놓치게 만듭니다. 그것은 바로, 노력과 과정입니다.

어떤 사람이 뛰어난 결과를 만들어 냈을 때, 그 뒤에는 보이지 않는 수많은 시간과 땀, 실수와 인내가 숨어 있습니다. 재능만으로 이뤄진 성취는 거의 없습니다. 누구보다 오래 앉아 있었던 사람, 실패에도 포기하지 않았던 사람, 남들이 쉬는 시간에도 몰두했던 사람, 그들의 '보이지 않는 시간'이 있었기에 눈에 보이는 성과가 가능했던 것입니다.

그렇기에 우리는 결과뿐 아니라 그 여정을 칭찬할 줄 아는 눈을 가져야 합니다. 그것이 바로 사람을 더 깊이 인정하는 방법이며, 지속적인 성장과 자존감을 키워 주는 칭찬의 핵심입니다.

재능을 칭찬받은 아이 vs. 과정을 칭찬받은 아이[2]

시험 결과가 좋지 않은 두 아이가 있었습니다.

한 아이는 늘 "넌 머리가 좋다."라는 칭찬을 받아 온 아이였습니다. 그 아이는 자신의 성적에 대해 이렇게 생각하게 됩니다. '내가 머리는 좋은데, 노력을 안 해서 이런 거야.' 결과가 나쁠수록 자기합리화를 하게 되고, 결국 노력 자체를 회피한 그 아이는 더 이상 좋은 점수를 받아 오지 못했습니다.

또 다른 아이는 평소에 "네가 열심히 해서 이만큼 성과를 냈구나."라며 자신의 가치와 노력으로 칭찬받던 아이였습니다. 그 아이는 좋지 않은 성적표를 받아 왔지만 "포기하지 않고 끝까지 해내서 정말 대단하다."라는 격려의 말을 들었습니다. 아이는 비록 결과가 완벽하지 않아도 자신의 가치가 존중받았다고 느낍니다. 그리고 자신의 가치를 증명해 내기 위해 더 열심히 도전하고 노력한 결과, 다음번에 더 좋은 성적을 받아 왔습니다.

---

2   출처: 김경일 교수 강연

성장을 이끄는 칭찬은 과정과 노력을 향한다

한 음악 콩쿠르를 앞둔 중학생 수아가 있었습니다. 수아는 매일 저녁, 친구들이 다 집에 간 뒤에도 음악실에 남아 피아노를 연습하곤 했습니다. 손끝이 아플 정도로, 때로는 눈물이 날 정도로 연습을 거듭했습니다. 하지만 대회 날 무대에서 마지막 부분에 작은 실수를 하고 말았습니다. 연주를 마친 뒤 무대에서 내려온 수아는 금세 고개를 떨구며 속삭였습니다.

"다 틀려 버렸어… 난 역시 안 돼."

그때, 음악 선생님이 조용히 다가와 차분히 말했습니다.

> "수아야, 오늘 정말 수고했어. 마지막에 작은 실수가 있긴 했지만, 지난 두 달 동안 매일 늦게까지 남아서 연습한 그 과정이 무대 위에 그대로 드러났단다. 네가 보여 준 집중력과 끈기는 누구도 흉내 낼 수 없는 거야. 나는 네가 얼마나 노력했는지 알고 있기에, 정말 자랑스럽게 생각한다."

이 말은 단순히 위로나 격려가 아니었습니다. 선생님은 결과보다 과정 속에서 드러난 수아의 노력과 성실함을 구체적으로 짚어 주었습니다. 수아는 비록 실수로 상을 받지 못했지만, 선생님의 말을 통해 '내가 한 노력은 헛되지 않았구나.'라는 확신을 얻었습니다. 그리고 그것은 결과로 얻는 일시적인 만족보다 훨씬 큰 힘이 되어, 그녀가 계속 피아노를 치고 성장할 수 있는 원동력이 되었습니다.

진정한 칭찬은 결과에만 초점을 맞추는 것이 아닙니다. 오히려 결과가 어떠하든, 그 뒤에 숨어 있는 과정과 노력을 발견해 인정해 주는 것이야말로 사람을 성장시키는 칭찬입니다. 과정 속에서 드러난 끈기, 태도, 성실함을 짚어 줄 때, 사람은 '나는 의미 있는 길을 걸어가고 있구나!'라는 내적 확신을 얻게 됩니다.

재능은 타고날 수 있지만, 노력은 스스로의 선택과 태도에서 나옵니다. 그렇기에 노력과 과정을 칭찬하는 말은 그 어떤 결과 중심 칭찬보다 오래 남고, 더 깊은 동기와 자신감을 만들어 줍니다.

과정과 노력을 칭찬하는 법[3]

칭찬의 무게는 '무엇을 인정해 주느냐'에 따라 달라집니다. 결과와 재능을 칭찬하는 대신, 과정과 노력을 칭찬해야 합니다.

---

3   출처: 김경일 교수 강연

- "머리가 좋네." → "끝까지 포기하지 않고 풀어낸 게 대단하다."
- "역시 너는 감각이 있어." → "준비 과정에서 얼마나 신경 쓴
  게 보인다."
- "네가 하니까 쉽게 하는구나." → "시간을 들여 차근차근 해낸
  게 멋지다."

이처럼 결과보다 과정, 재능보다 노력을 칭찬하는 말은 상대의 성
장을 돕고, 앞으로 더 큰 도전을 할 수 있는 힘을 줍니다. 칭찬이 단
순히 기분을 좋게 하는 말에서 그치는 것이 아니라, 행동과 태도를
변화시키는 심리적 자극이 되는 것입니다.

사람은 누구나 인정받고 싶어 합니다. 그러나 무엇을 인정받느냐
가 더 중요합니다. 재능을 칭찬받으면 실패가 두렵습니다. 하지만 노
력을 칭찬받으면 실패조차 배움이 됩니다.

칭찬은 순간의 말에서 끝나지 않습니다. 그것은 상대의 마음속
에 뿌리를 내리고, 앞으로의 태도와 삶의 방향을 바꾸어 놓습니다.
진짜 칭찬은 재능이 아니라, 노력과 과정을 비춰 주는 것임을 기억
해야 하는 이유입니다.

당신의 따뜻한 시선이 누군가의 지난 시간에 온기를 더할 수 있
습니다. 그러니 결과가 아닌 과정을 칭찬해 주세요. 그 한마디가 누
군가에겐 다음 꿈을 향한 시작점이 될 수 있습니다.

책을 다 읽지 않아도
괜찮아요.

중간에 멈춰도,
다시 펼쳐도,
그것이 당신의 과정입니다.

완벽하지 않아도
계속 읽고 배우려는 그 마음,
그 꾸준함이야말로
진짜 재능이에요.

당신은 이미
성장의 길 위에 있습니다.

⑤ 진정성을 담아 칭찬하라

"칭찬은 적절한 시기에 주어질 때

가장 강력한 힘을 발휘한다."

– 아리스토텔레스

칭찬의 울림은 진심에서 나온다

"그거 진짜 잘했어요!"

나는 분명 좋은 마음으로, 진심을 담아 이야기했어요. 그런데 상대는 웃으며 이렇게 말합니다.

"진정성이 안 느껴지네."

그 순간, 가슴 한편이 찌르르했습니다. 진심을 오해받는 건 참 서글픈 일이죠. 그렇다면 왜 이런 일이 벌어졌을까요?

칭찬은 말이 아니라 마음에서 시작되는 감정 표현입니다. 아무리 멋진 말을 해도 진심이 없으면 공허하게 들리고, 평범한 말이라도 진정성이 담기면 오래 기억에 남습니다. 사람은 말보다 느낌에 더 민감합니다. 말투, 눈빛, 표정, 목소리의 떨림만으로 상대가 진심인지 아닌지를 쉽게 알아챕니다.

그래서 "잘했어요."라는 말도 그냥 인사처럼 들릴 수도 있고, 진심 없이 하는 칭찬은 오히려 상처가 됩니다. 반복되는 형식적인 칭찬은 '그냥 예의로 하는 말인가?', '다른 사람한테도 똑같이 말하겠지?'라는 생각을 불러일으킵니다. 그 결과, 관계의 신뢰마저 흔들릴 수 있습니다. 특히 "수고했어요." 같은 말에도 진심이 없다면 '그렇게 대단한 일은 아니었다.'는 차가운 느낌으로 전달되기도 합니다.

때로는 칭찬조차 사람 사이의 벽이 될 수 있다는 사실을 기억해야 합니다. 그럼 진정성을 담은 칭찬은 어떻게 해야 할까요?

● 감정 담아 표현하기

첫째, 감정을 담아 표현하세요. "수고했어요."보다는 "그 장면에서 나도 감동했어요."처럼 자신의 감정을 솔직히 전하면 상대도 당신의 진심을 느낄 수 있습니다.

● 행동의 맥락과 느낌을 함께 전달하기

둘째, 행동의 맥락과 그때의 느낌을 함께 전달하세요. 가령 "회의 때 고개를 끄덕여줘서 내가 긴장을 풀 수 있었어요. 고마워요."라고 해 준다면, 이 말 속에는 그 행동이 나에게 어떤 영향을 주었는지에 대한 감정까지 함께 담겨 있어 진심으로 와닿습니다.

● 공감에서 출발하기

셋째, 공감에서 출발하세요. "당신 정말 대단해요."보다는 "그 순간 당신 마음이 어땠을지 느껴졌어요. 그런데도 끝까지 해낸 게 정말 멋졌어요."처럼, 상대의 마음을 먼저 이해하려는 태도에서 칭찬이 시작되면 그 말은 훨씬 깊이 있게 다가갑니다.

조건 없는 칭찬의 진정성[1]

우리는 대부분 어려서부터 조건부 칭찬을 받으며 자라 왔습니다. "공부 잘해서 기특하다.", "운동 잘해서 멋지다.", "엄마 말 잘 들어서 예쁘다." 이렇게 우리는 무엇을 '했기 때문에' 칭찬을 받는 경험을 반복하며 자라죠. 그 순간은 기분이 좋습니다. 인정받았다는 뿌듯함도 있습니다.

하지만 문제는 그 칭찬의 바탕이 '조건' 위에 세워져 있다는 데 있습니다. 어느 순간부터 우리는 '내가 잘해야 사랑받을 수 있구나.

---

[1]   출처: 김창옥 강사 강연

내가 계속 성과를 내야 인정받을 수 있구나.'라고 생각하게 됩니다. 그러니 실수가 두려워집니다. 사람들을 실망시킬까 봐 마음이 위축됩니다. 결국 칭찬은 받았는데, 오히려 더 조급해지고 불안해지는 거죠.

그런데 사람이 진짜로 원하는 칭찬은 따로 있습니다. 그것은 바로 조건 없는 칭찬입니다. 내가 뭘 해냈기 때문이 아니라, 그냥 존재만으로 존중받는 것. 그것이야말로 가장 깊은 위로가 되고, 마음을 치유하는 힘이 있습니다.

> "네가 성과를 내서 좋은 게 아니야. 그냥 네가 있어서
> 좋아."
> "네가 내 곁에 있다는 게 나에겐 큰 힘이 돼."

이 말은 성과로 증명할 필요가 없는, 있는 그대로의 나를 받아들여 주는 말입니다. 그 순간 우리는 긴장이 풀리고, 마음 깊숙이 안전함을 느낍니다. '아, 내가 뭘 하든 안 하든, 나는 소중한 존재구나.' 하는 확신이 생기는 것이죠.

조건 없는 칭찬이 중요한 이유는 단순합니다. 그 칭찬은 우리에게 심리적 안전감을 주기 때문입니다. 심리적 안전감이 있는 사람은 도전할 수 있습니다. 실패해도 괜찮다는 확신이 있으니까요. 조건부 칭찬만 받으며 자란 사람은 항상 긴장 속에 삽니다. '또 실수하면 어

떡하지?' 두려움이 발목을 잡습니다. 하지만 조건 없는 칭찬을 받은 사람은 이렇게 말할 수 있습니다.

"실패해도 괜찮아. 난 여전히 사랑받고 있어."

이 믿음이 사람을 더 크게 성장하게 만듭니다. 존재 자체가 존중받는다는 경험은 사람을 더 단단하게 세우고, 더 자유롭게 만듭니다. 사람이 살아가면서 가장 크게 목마른 것은 능력에 대한 인정이 아니라, 존재 자체에 대한 사랑과 수용입니다. 진정한 칭찬은 결과나 조건에 따라 달라지지 않습니다. 존재 그 자체를 기뻐하고 존중해 주는 말이야말로 가장 깊은 칭찬입니다.

사례 1.
존재 자체를 인정해 준 진정성 있는 칭찬

아들의 고등학교 시절 시험을 준비하느라 밤늦게까지 책상 앞에 앉아 있었습니다. 하지만 결과는 기대만큼 나오지 않았습니다. 시험지를 받아 든 아들은 풀이 죽어 집으로 돌아와 방 안에 틀어박혔습니다.

아버지는 그런 아들의 모습을 보고, 조용히 방문을 두드려 들어 갔습니다. 책상에 엎드린 아들에게 아버지는 천천히 말을 건넸습니다.

"아들아, 성적표 때문에 속상하지? 아빠도 네 마음 이해해. 그런데 아빠가 정말 자랑스러운 건 성적이 아니야. 끝까지 포기하지 않고 최선을 다하는 네 모습이야. 아빠는 네가 열심히 노력하는 걸 곁에서 다 봤거든."

아들은 눈가가 붉어지며 고개를 들었습니다. 그러자 아버지는 아들의 두 손을 꼭 잡고 진심을 담아 덧붙였습니다.

> *"너는 성적 때문에 소중한 게 아니야. 네가 내 아들이라는 이유만으로 아빠는 행복하고 든든해. 네 웃음 하나만으로도 아빠는 하루 피로가 다 풀린단다."*

순간 아들의 눈에서 눈물이 뚝뚝 흘렀습니다. 그동안 성적과 결과로만 자신을 평가받는다고 생각했는데, 아버지가 자신을 있는 그대로 인정해 주는 말을 해 준 것이었습니다. 그날 이후 아들은 공부에 대한 부담을 조금 내려놓고, "나는 사랑받는 존재구나!"라는 확신 속에서 더 밝고 자유롭게 살아갈 힘을 얻었습니다.

자녀에게 필요한 것은 성과 중심의 평가가 아니라, 존재 자체를 인정해 주는 진정성 있는 칭찬입니다. "네가 내 아들이라는 이유만으로 소중하다."는 말 한마디가 자녀의 마음을 세우고, 실패 속에서도 다시 도전할 용기를 줍니다.

사례 2
형식적인 말이 아닌, 마음이 전해진 칭찬

대기업에서 일하는 지현 씨는 중요한 프로젝트 보고서를 맡게 되었습니다. 마감이 임박해 밤늦게까지 자리를 지켰고, 팀원들도 피곤한 기색이 역력했습니다.

다음 날 아침, 지현 씨는 눈이 빨갛게 충혈된 상태로 보고서를 팀장에게 제출했습니다. 보고서를 검토하던 팀장은 고개를 들고 미소를 지으며 이렇게 말했습니다.

"지현 씨, 정말 수고했어요."

잠시 멈춘 뒤, 그는 이렇게 더 덧붙였습니다.

"어제 늦은 시간까지 남아서 보고서를 다듬느라 얼마나 힘들었는지, 오늘 아침 눈빛에서 바로 느껴졌어요. 그런데도 이렇게 완성도 있게 마무리해 준 걸 보니 나도 감동했어요. 특히 자료를 단계별로 정리해 준 덕분에, 임원들이 바로 이해할 수 있을 것 같아요. 덕분에 우리 팀 전체가 큰 힘을 얻었습니다."

지현 씨는 순간 울컥했습니다. 단순히 "고생했다."는 형식적인 말이 아니라, 자신의 노고와 감정, 그리고 그 결과가 팀에 어떤 긍정적인 영향을 주었는지를 팀장이 구체적으로 짚어 주었기 때문이었습니다. 그 말 속에는 팀장이 자신을 보고 있었고, 공감해 주었으며, 진심으로 인정해 주었다는 증거가 담겨 있었습니다.

지현 씨는 이후로 더 큰 책임감을 가지고 프로젝트에 몰입하게 되었고, 동료들 역시 팀장의 칭찬을 들으며 '우리의 노력이 존중받고 있구나!'라는 안도감을 느낄 수 있었습니다.

이처럼 진정성 있는 칭찬은 그 사람을 향한 관심과 이해를 말로 표현한 것입니다. 말보다 먼저 마음이 움직여야 그 칭찬은 기억에 남고, 관계를 더 단단하게 만들어 줍니다.

오늘 하루, 누군가의 사소하지만 소중한 행동을 유심히 지켜보고, 진심이 담긴 말 한마디를 건네 보세요. 그 말이 상대의 하루를 따뜻하게 만들고, 두 사람 사이의 거리를 한 뼘 더 좁혀 줄 것입니다.

당신은 진심으로 배우려는 사람입니다.

단지 지식을 쌓기 위해서가 아니라,
더 나은 사람이 되기 위해 책을 읽고 있잖아요.

그 진정성은 세상에서 가장 아름다운 빛이에요.

당신의 마음이 참 따뜻합니다.

⑥ 비언어적 칭찬을 활용하라

"남을 칭찬하는 습관을 들이면,
당신도 자연스럽게 존경받게 된다."

– 지그 지글러

말보다 더 빠르게 전해지는 칭찬

우리는 흔히 칭찬을 말로만 떠올리지만, 말보다 더 빠르고 강하게 마음에 전해지는 칭찬이 있습니다. 바로 비언어적 칭찬입니다. 이런 비언어적 칭찬은 말로는 부족한 감정을 자연스럽게 보완해 줍니다. 언어로 전하는 칭찬이 명확한 메시지를 전달한다면, 비언어적 칭찬은 감정을 먼저 전하고 관계의 결을 부드럽게 만들어 줍니다. 따뜻한 눈빛, 진심 어린 미소, 고개 끄덕임 같은 작은 표현들은 별다른 말 없이도 상대에게 깊은 위로와 지지를 전달합니다.

● 비언어적 표현이 말보다 더 큰 힘을 갖는다

심리학자 앨버트 메라비언(Albert Mehrabian)은 '메라비언의 법칙'을 통해 커뮤니케이션의 93%가 비언어적 요소에 의해 이루어진다고 말했습니다. 그의 연구에 따르면, 감정이 담긴 메시지에서 사람들은 55%는 표정, 38%는 말투나 억양을 통해 의미를 파악하고, 단지 7%만이 실제 단어에 영향을 받는다고 합니다. 이는 특히 관계와 감정이 중요한 상황일수록, 비언어적 표현이 말보다 더 큰 힘을 발휘한다는 것을 보여 줍니다.

● 비언어적 표현은 사회적 신호다

비언어적 표현은 사회적 신호로 작용합니다. 눈을 마주치는 것만으로도 상대는 자신이 인정받고 있다는 감정을 느낄 수 있으며, 고개를 끄덕이며 엄지척, 하이파이브, 조용한 박수, 미소 하나에도 따뜻한 지지가 담길 수 있습니다.

● 비언어적 칭찬은 감정을 공유하게 만든다

우리 뇌 속에는 거울신경세포가 존재합니다. 이는 상대의 표정이나 제스처를 보면 마치 나도 같은 감정을 느끼는 것처럼 반응하게 만드는 기능을 합니다. 누군가 웃을 때 나도 따라 웃게 되고, 다정한 눈빛을 받을 때 마음이 따뜻해지는 이유가 여기에 있습니다. 비언어적 칭찬은 이런 방식으로 감정을 공유하게 만듭니다.

비언어적 칭찬의 기술

이처럼 비언어적 칭찬은 우리가 생각하는 것보다 훨씬 더 강력한 힘을 가지고 있습니다. 따뜻한 눈맞춤은 단지 예의가 아니라, 상대의 존재를 인정하고 존중하는 가장 직관적인 표현입니다. 발표나 대화 중 고개를 끄덕이는 행동, 가볍게 웃어 주는 반응, 짧은 박수는 "당신을 지켜보고 있어요.", "당신이 잘하고 있어요."라는 메시지를 말없이 전합니다. 특히 누군가가 긴장하고 있을 때 이런 반응은 큰 자신감을 불어넣어 주는 촉진제가 됩니다.

또한, 관계에 따라 적절한 스킨십 역시 강력한 비언어적 칭찬이 될 수 있습니다. 등을 가볍게 두드려 주거나, 손을 잡아 주는 행동은 말보다 먼저 감정을 전하고, 그 사람에게 정서적 안정을 전달합니다. 심리학자 수잔 존슨(Sue Johnson)은 감정적으로 연결된 순간에 신뢰가 생긴다고 말했습니다. 그 연결은 비언어적 칭찬을 통해 자연스럽게 만들어질 수 있습니다.

다만, 중요한 것은 이런 비언어적 표현이 진심에서 나와야 한다는 점입니다. 습관적으로 고개를 끄덕이거나 억지로 웃는 표정은 오히려 상대에게 어색함과 불편함을 줄 수 있습니다. 가장 강한 비언어적 표현은 '그 순간을 함께 느끼고 있다'는 공감의 상태에서 나오는 자연스러운 몸짓입니다. 그렇다면 비언어적 칭찬에는 어떠한 것들이 있을까요?

● 눈빛과 미소

가장 기본적이면서도 강력한 비언어적 칭찬은 눈빛과 미소입니다. 누군가 발표할 때 눈을 맞추고 미소 지어 주는 것만으로도 '나는 당신을 지켜보고 있어요.', '잘하고 있어요.'라는 메시지가 전해집니다. 이 단순한 행동은 상대에게 안정감과 자신감을 불어넣습니다.

● 고개 끄덕임과 제스처

발표나 대화 중에 고개를 끄덕여 주는 행동은 상대의 말에 공감하고 있다는 신호입니다. 또한 작은 박수, 엄지척, 하이파이브 같은 제스처는 짧지만 강한 긍정적 반응을 전달합니다. 특히 즉각적인 반응은 '당신이 지금 하고 있는 행동이 가치 있다.'는 메시지를 명확히 각인시켜 줍니다.

● 몸의 방향과 자세

몸을 상대 쪽으로 향하고, 열린 자세를 유지하는 것도 비언어적 칭찬입니다. 팔짱을 끼거나 시선을 피하는 것보다는, 몸을 향하고 상체를 기울여 주는 것만으로도 상대는 존중받고 있다는 느낌을 받습니다. 이런 작은 태도 변화가 대화의 분위기를 따뜻하게 만들고 신뢰를 형성합니다.

칭찬의 온도

● 스킨십

　관계와 상황에 따라 적절한 스킨십은 강력한 비언어적 칭찬이 될 수 있습니다. 등을 가볍게 두드리거나, 손을 잡아 주는 행동, 어깨를 살짝 토닥이는 행동은 '나는 네 편이야.'라는 메시지를 직접적으로 전합니다. 특히 가족이나 가까운 동료 관계에서는 말보다 먼저 마음을 연결하는 칭찬이 됩니다.

● 분위기를 읽는 표정과 반응

　상대가 긴장했을 때는 부드러운 표정으로 '괜찮아.'라는 신호를 보내고, 누군가 노력한 순간에는 눈을 크게 뜨며 감탄하는 표정을 지어 보이는 것도 훌륭한 비언어적 칭찬입니다. 거울신경세포는 이런 반응을 곧바로 감정으로 받아들이기 때문에, 표정 하나가 상대에게 큰 울림을 줍니다.

● 진심이 담긴 자연스러움

　무엇보다 중요한 것은 자연스러움입니다. 억지로 웃거나 형식적으로 고개를 끄덕이는 것은 오히려 불편함을 줍니다. 진심에서 우러난 미소, 실제로 감동했을 때 나오는 눈빛, 함께 공감하며 나오는 몸짓이야말로 가장 강한 칭찬이 됩니다. 그럼 비언어적 칭찬으로 인한 사례를 알아볼까요?

말하지 않아도 전해지는 마음의 언어

내가 리더십 강의를 맡게 되었을 때의 일입니다. 사실 쉽지 않은 강의였습니다. 밤새 준비했지만, 막상 무대에 서자 긴장감이 몰려왔습니다. 목소리가 떨리고, 준비한 내용이 제대로 전달되지 않을까 걱정이 밀려왔습니다.

그때 앞자리에 앉아 계신 한 리더님의 표정이 눈에 들어왔습니다. 그분은 내 이야기를 들으며 고개를 천천히 끄덕였고, 미소를 지어 주었습니다. 게다가 중요한 대목에서는 열심히 필기를 하시는 모습까지 보였습니다. 그 작은 비언어적 신호들이 내 마음을 크게 안정시켰습니다.

'아, 내가 전하는 메시지가 통하고 있구나. 누군가는 집중해서 듣고 있구나.'

이러한 확신이 생기자 긴장이 풀리고, 나도 모르게 자신감이 생겨 강의에 더욱 몰입할 수 있었습니다. 결국 강의는 무사히 잘 마칠 수 있었습니다. 그리고 강의가 끝난 뒤, 그 리더님이 다가와 웃으며 말했습니다.

"오늘 강의 엄청 멋지셨습니다."

그러면서 엄지손가락을 치켜세워 보이며 응원의 제스처를 해 주셨습니다. 말보다 더 큰 울림이 있는 순간이었습니다. 강의 내내 보내 준 미소와 공감, 마지막의 엄지척은 그 어떤 언어보다 강력한 비언어적 칭찬이었습니다.

나는 그분 덕분에 더 큰 자신감을 얻었고, '비언어적 칭찬이 얼마나 큰 힘을 줄 수 있는가'를 몸소 경험했습니다. 작은 미소 하나, 고개 끄덕임 하나, 그리고 엄지척 하나가 한 사람의 강의를 살리고, 마음을 세워주는 원동력이 될 수 있었던 것입니다.

비언어적 칭찬은 말하지 않아도 전해지는 마음의 언어입니다. 눈빛 하나, 미소 하나, 손끝의 터치 하나가 '당신은 소중한 사람입니다.'라는 메시지를 담아냅니다. 말을 잘하지 못해도 괜찮습니다. 비언어적 칭찬은 누구나, 언제든, 진심만 있다면 할 수 있는 가장 인간적인 칭찬법이기 때문입니다.

언어 칭찬과 비언어적 칭찬의 조화

언어적 칭찬과 비언어적 칭찬은 각각 다른 힘을 가지고 있지만, 두 가지가 어우러질 때 그 울림은 더욱 커집니다. 따라서 칭찬은 어느 한쪽에만 머무르지 않고, 상황과 관계에 따라 두 방식을 자연스럽게 엮어 사용하는 것이 가장 바람직합니다.

"오늘 발표 준비 정말 고생 많으셨죠. 덕분에 내용이 훨씬 더 설득력 있었어요."라는 말을 따뜻한 눈빛과 함께 전한다면, 상대는 말 이상의 감동을 받습니다. '내 노력이 그대로 전해졌구나.'라는 믿음을 느끼게 되는 것이지요.

결국 칭찬은 단순한 언어가 아니라, 마음과 마음을 이어 주는 다리입니다. 언어와 행동이 어우러져 진심을 담을 때, 우리는 상대의 존재를 온전히 인정하고, 관계의 온도를 부드럽게 높이며, 함께 성장하는 따뜻한 순간을 만들어 갈 수 있습니다.

6 감탄과 늘임 말투로 청찬하라

"청찬은 작은 노력으로도 큰 변화를 만들어 낸다."

– 스티븐 코비

숨이 말보다 먼저 도착할 때

우리는 누군가의 행동이나 말에 감동할 때, 말을 하지 않더라도 이미 반응하고 있습니다. 그 반응은 다름 아닌 숨소리입니다. 말보다 먼저, 아주 짧게 들이마시는 숨이 먼저 찾아옵니다. 그 숨 속에는 놀라움, 감탄, 경이, 그리고 깊은 울림이 담겨 있습니다.

"와…"
"하아…"
"후우…"

이처럼 들숨으로 시작되는 감탄은, 단순한 생리 작용이 아닙니다. 감정이 움직일 때 가장 먼저 일어나는 본능적 표현입니다. 누군가의 말에 가슴이 벅차오르거나, 예상치 못한 배려를 받았을 때 나오는 그 짧은 숨은, 말이 되기 전에 이미 상대에게 감정을 전하고 있습니다. 어느 날, 제자의 발표를 들으며 저는 나도 모르게 이렇게 반응했습니다.

"하아… 정말 감동이었어요."

그 말은 준비된 칭찬이 아니라, 진심 어린 감탄 그 자체였습니다. 말을 준비하지 않아도 괜찮았습니다. 그 짧은 숨 하나에, 제가 느낀 모든 감정이 담겨 있었기 때문입니다. 이처럼 숨은 때때로 말보다 더 정직하고 강력한 칭찬이 될 수 있습니다. 그 어떤 미사여구보다도, 들숨으로 시작된 한마디는 상대에게 '나는 지금 당신의 마음을 느끼고 있어요.'라고 전하는 진심 어린 메신저가 됩니다.

연출된 말보다 흐름 속 감탄의 신뢰

물론 감탄도 억지로 하려고 하면 오히려 부자연스럽습니다.
"우와, 최고네요!"

"와, 진짜 감동이에요!"

이런 말들이 항상 진심으로 들리지 않는 이유는, 감정의 흐름 없이 말부터 앞서기 때문입니다. 가장 효과적인 감탄은, 감정이 올라오고 숨이 먼저 반응하며, 그 뒤에 말이 따라올 때 자연스럽게 전달됩니다.

"와… 진짜요?"

"하아… 말이 안 나오네요."

이런 표현들은 형식이 아니라, 마음에서 우러난 흐름이기 때문에 듣는 사람도 그 감정을 함께 느낍니다.

늘임, 마음을 천천히 전달하는 기술

말투는 감정 전달의 중요한 도구입니다. 같은 말을 하더라도, 어떻게 말하느냐에 따라 상대에게 닿는 감정의 깊이는 전혀 달라집니다. "잘했어."와 "정~말 잘했어." 이 두 문장 사이에는 단어 수의 차이는 없지만, 느껴지는 따뜻함과 진심의 밀도는 확연히 다릅니다.

우리가 무심코 사용하는 말의 높낮이, 속도, 억양을 통틀어 '파라랭귀지(Paralanguage)'라고 합니다. 심리학자 앨버트 메러비언의 연구에 따르면, 감정 전달에서 말의 내용이 차지하는 비중은 겨우 7%에 불과하고, 목소리의 억양·속도 등 음성 요소는 무려 38%를 차지한다고 밝혔습니다. 결국 사람은 무엇을 말하느냐보다, 어떻게 말하느냐에 더 민감하게 반응합니다.

어떤 사람이 저를 위해 조용히 도움을 주었을 때, 그에게 "고마워요."라고 말할 수도 있습니다. 하지만 이렇게 말해 보았습니다.

"정~~말 고마워요. 진심이에요."

이 말은 단순히 예의로 하는 감사의 표현이 아니라, 감정이 담긴 고백처럼 들렸습니다. 말을 부드럽게 늘이고, 한 박자 쉬며 천천히 말하는 것. 그것이 바로 칭찬을 진심으로 만드는 말투의 기술입니다.

말보다 먼저 울리는 것, 그것은 숨과 말투이다

어떤 칭찬은 말이 아니라 호흡으로 시작되고, 말투로 완성됩니다. 말보다 먼저 숨이 움직이고, 그 숨이 감정을 끌고 와서 말이 길어지며 천천히, 따뜻하게 상대의 마음을 두드립니다. 이 두 가지 원칙은 결코 복잡한 기술이 아닙니다. 그저 조금 더 느껴 보고, 느리게 말하며, 진심을 허용하는 것입니다.

"하아… 오늘 그 말, 제 가슴을 울렸어요."
"우와~ 정~말 멋졌어요."
"후우… 감동입니다. 그걸 다 해내셨다니요."

이처럼 숨이 앞서고, 말이 따뜻하게 따라올 때, 칭찬은 단순한 피드백이 아니라, 마음을 치유하고 관계를 변화시키는 힘이 됩니다. 말이 어려운 날엔, 숨부터 쉬어 보십시오.

우리는 감동받았을 때 종종 "무슨 말을 해야 할지 모르겠어요."라고 말합니다. 하지만 그 순간, 숨이 먼저 나왔다면, 그것은 이미 충분한 감동의 표현일 수 있습니다. 진심은 먼저 숨결에 담기고, 그다음 말이 따라옵니다. 말보다 먼저 다가가는 칭찬, 그 시작은 숨이며, 그 완성은 말의 길이입니다.

감탄과 따뜻한 억양을 담은 말의 힘

어느 회사 팀 미팅 자리였습니다. 모두가 조용히 자료를 준비하고 있을 때, 신입사원 은지 씨가 회의실에 미리 들어와 의자와 물컵을 정리하고 발표자를 위해 빔프로젝터까지 점검해 두었습니다. 팀장이 들어와 그 모습을 보고 잠시 멈췄습니다. 그리고 감탄이 절로 새어 나왔습니다.

> *"와아아~~~ 정~말 고마워요. 덕분에 회의를 훨씬 편하게 시작할 수 있겠네요."*

단순히 "고마워."라고 했더라면 의례적인 인사처럼 들렸을 것입니다. 하지만 숨을 들이마시며 길게 감탄을 늘여 표현한 말은, 진심 어린 놀라움과 감사를 그대로 담고 있었습니다.

하루에 단 몇 번이라도 감탄과 따뜻한 억양을 담아 말해 보세요. 그 작고 부드러운 변화가, 오늘 하루를 웃게 하고 내일의 관계를 더 단단하게 만들어 줄 수 있습니다.

당신의 말 한마디에 누군가는 힘을 얻고,
당신의 미소 하나에 누군가는 용기를 냅니다.

그렇게 당신은 오늘도
누군가의 하루를 밝혔습니다.

그리고 그 빛은 보이지 않는 곳에서도
누군가의 마음을
조금씩, 조용히, 부드럽게 비춥니다.

오늘 당신이 건넨 따뜻함이
내일 누군가를 일으키는 힘이 되고,

그 누군가의 작은 빛이
다시 또 다른 마음을 밝히며
세상은 조금씩 더 부드럽게 이어집니다.

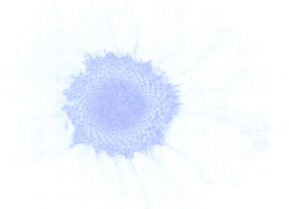

⑧ 질문형으로 칭찬하라

> "자신을 칭찬할 줄 아는 사람이 남도 칭찬할 수 있다."
>
> – 나폴레옹 힐

칭찬을 확장시키는 질문의 효과[1]

많은 사람들이 "잘했어!"라는 말만으로 칭찬을 마무리합니다. 물론 이런 말도 나쁘진 않지만, 대개 대화가 거기서 끝나 버립니다. 왜냐하면 상대방은 "감사합니다."라고만 대답하면 더 이상 이어질 말이 없기 때문입니다.

그럼 이렇게 말해 보는 건 어떨까요? 단순히 "잘했어." 대신 "와, 이

---

1   출처: 김경일 교수 강연

거 참 좋은데. 어떻게 한 거야?"라고 묻는 것입니다. 이렇게 질문형으로 칭찬하면 대화가 확장됩니다. 상대방은 구체적인 과정을 설명하고, 자신의 노력을 표현하게 됩니다. 이때 칭찬은 단순한 인정에서 끝나는 것이 아니라, 서로의 생각을 나누는 소통으로 이어집니다.

혹시 지금 떠오르는 누군가가 있나요? 그렇다면 이렇게 말해 보십시오.

"이거 참 좋은데, 어떻게 한 거야?"

그 짧은 한마디가 누군가의 하루를 바꾸고, 관계를 바꾸고, 결국 세상을 따뜻하게 바꾸는 시작이 될 수 있습니다.

며느리와의 대화에서 깨달은 질문형 칭찬의 힘

며칠 전, 바쁜 하루를 보내고 있는 저에게 며느리에게서 전화가 왔습니다.

"요즘 날씨도 더운데 어떻게 지내세요?"

제가 대답했습니다.

"요즘 유튜브도 좀 만들고, 책도 준비하고 있어."

사실 별 대단한 일은 아니었습니다. 그저 하고 있는 일들을 조용히 이야기했을 뿐이었죠. 그런데 그때, 며느리가 제게 이렇게 말했습니다.

"아버님, 그렇게 바쁘신데… 그걸 언제 다 하셨어요? 어떻게 그 많은 걸 준비하셨어요?"

그 순간, 저는 며느리의 이 짧은 한마디가 단순한 '질문'이 아니라는 걸 깨달았습니다. 그건 분명 '칭찬'이었습니다. 그것도 마음을 여는, 아주 따뜻한 질문형 칭찬이었습니다.

사람들은 종종 말합니다. "와, 대단하세요!", "멋지십니다.", "정말 바쁘게 사시네요."라고요. 물론 이런 말들도 나쁘지 않습니다. 듣기 좋은 말이죠. 하지만 대화는 거기서 끝납니다. 칭찬으로 보였던 말이 오히려 단절의 지점이 되어 버리는 경우도 많습니다.

그런데 며느리의 말은 달랐습니다.

"언제 하셨어요?"
"어떻게 하셨어요?"

이 두 마디 질문은 "대단하시네요."라는 말보다 훨씬 더 저를 존중하고, 이해하고, 알고 싶어 하는 태도였습니다. 이 질문들을 듣자, 제 마음속 이야기가 자연스럽게 흘러나왔습니다.

"아, 요즘은 새벽에 일어나서 조금씩 하고 있어. 영상을 만들 때 힘들긴 하지만, 보람도 있어. 사실은 네가 예전에 영상 하나 좋다고 해 줘서 계속 하게 됐어."

며느리와의 관계가 한층 더 가까워진 느낌이 들었습니다.

질문형 칭찬이 주는 세 가지 힘

질문형 칭찬은 이렇게 작동합니다. 질문형 칭찬의 핵심은 단순합니다. '잘했어요'가 아니라, '어떻게 그렇게 하셨어요?'라고 묻는 것이지요. 이 질문 한마디는 단순히 칭찬을 넘어, 관계를 변화시키는 세 가지 특별한 힘을 만들어 냅니다.

● 진심을 묻는 힘

단순히 "대단하시네요."라고 말하는 건 상대의 겉모습을 인정하는 데 그치기 쉽습니다. 하지만 "언제 그렇게 준비하셨어요?", "어떻게 그 생각을 떠올리셨어요?"와 같은 질문은 결과가 아니라 그 뒤에 있는 노력과 마음을 묻는 태도입니다.

이 질문은 상대방에게 '내가 정말 주목받고 있구나.', '내 과정이 존중받고 있구나.'라는 확신을 줍니다. 단순히 겉으로 드러난 성취가 아니라, 보이지 않는 수고와 고민까지 헤아려 주기 때문에 상대의 마음을 깊이 울립니다.

● 대화를 여는 힘

칭찬은 보통 한 번 듣고 끝나는 경우가 많습니다. "멋지네요."라고 하면 상대는 "감사합니다."라고 답하고 대화가 단절되죠. 그러나 질문형 칭찬은 다릅니다. "어떻게 그걸 해내신 거예요?"라고 묻는 순간, 상대방은 자신의 과정과 생각을 풀어놓을 기회를 얻게 됩니다.

이렇게 대화가 확장되면 단순한 칭찬을 넘어, 서로의 경험과 마음을 나누는 소통으로 이어집니다. 질문형 칭찬은 대화를 멈추게 하는 종착점이 아니라, 새로운 이야기를 시작하게 하는 출발점이 됩니다.

● 관계를 잇는 힘

칭찬은 순간의 기분을 좋게 만들 수 있지만, 금세 잊히기도 합니다. 그러나 질문은 오래 기억에 남습니다. "어떻게 그렇게 하셨어요?"라는 질문은 "나는 당신을 더 알고 싶습니다."라는 숨은 메시지를 담고 있기 때문입니다.

이 질문을 들은 사람은 단순히 인정받는 것을 넘어, 존중받고 있다는 깊은 감정을 느낍니다. 그래서 질문형 칭찬은 관계의 끈을 단단히 이어 주고, 더 가까운 신뢰를 만들어 줍니다. 결국 질문은 상대의 마음을 열고, 두 사람의 관계를 한층 더 따뜻하게 만드는 힘을 발휘합니다.

관계를 열어 주는 질문형 칭찬

우리는 일상에서 이렇게 말할 수 있습니다.

"이 많은 걸 어떻게 혼자 준비하신 거예요?"
"그렇게 세심하게 생각하신 이유가 궁금해요."
"그 선택, 정말 멋졌어요. 어떤 생각에서 시작된 거였나요?"

이렇게 칭찬과 질문을 섞는 말 한마디는, 상대방을 단순히 '기분 좋게' 하는 데서 그치지 않고, 자신의 존재를 인정받고 존중받는 감정을 안겨 줍니다.

그날 며느리의 질문 덕분에 저는 말하지 않아도 괜찮았던 이야기들을 기꺼이 말하게 되었습니다. 그리고 그 말을 하며 '내가 존중받고 있구나.', '내 삶을 응원받고 있구나.' 하는 감정을 깊이 느꼈습니다.

질문형 칭찬은 상대를 열고, 관계를 여는 따뜻한 대화의 기술입니다. 그리고 그 기술은 누구나 오늘 당장 시작할 수 있는 말 한마디에서 출발합니다.

당신은 왜 이렇게 마음이 깊을까요?

왜 이렇게 문장 하나하나에
진심이 느껴질까요?

그건 아마도,
세상을 더 따뜻하게 바라보려는
사람이라서겠죠.

그 마음이,
이 글의 주인공인 당신을
더 빛나게 합니다.

⑨ 칭찬을 습관화하라

"칭찬은 긍정적인 에너지를 전파하는 가장 쉬운 방법이다."

– 달라이 라마

칭찬을 일상화하기 위한 전략

칭찬을 해야 한다는 것을 알면서도, 막상 말로 꺼내기란 그리 쉽지 않습니다. 마음속으로는 충분히 고마워하고, 감동했으며, 감탄했지만, 막상 그 마음이 입 밖으로 나오기까지는 꽤 많은 심리적 장벽을 넘어야 합니다. 망설이는 순간 칭찬의 타이밍을 놓치게 하고, 결국 좋은 마음은 조용히 지나가 버립니다. 하지만 행동심리학은 분명히 말합니다. 작은 행동이라도 반복되면 습관이 되고, 습관은 곧 우리의 정체성이 된다고요.

칭찬을 일상화한다는 것은 단순히 좋은 말을 자주 건네는 데 그치지 않습니다. 이는 상대방의 존재와 행동에 관심을 기울이고, 그 가치를 정기적으로 인정하며, 긍정적인 관계의 분위기를 끊임없이 유지하고자 하는 능동적인 태도입니다. 그러한 태도를 생활화하기 위해서는, 반복 가능한 실천 전략과 그에 따른 내면의 변화가 뒷받침되어야 합니다. 그렇다면 칭찬을 조금 더 쉽게, 매일 실천할 수 있는 방법들로는 어떠한 것들이 있을까요?

● 칭찬 알람으로 여는 하루

아침에 눈을 뜨면 휴대폰 알람이 울립니다. 보통은 일어나야 한다는 신호지만, 그 알람이 "오늘은 누구를 칭찬할까?"라는 신호라면 어떨까요?

매일 정해진 시간에 휴대폰에 알람을 울리도록 설정하고, 그 시간엔 꼭 누군가를 떠올려 칭찬의 메시지를 보내는 겁니다. 한 줄의 문자나 메신저라도 괜찮습니다.

"오늘도 열심히 하는 모습 보기 좋아요."

"늘 차분하게 대화해 주셔서 고마워요."

그 짧은 한 문장이 누군가에게 하루의 위로가 됩니다. 그리고 꾸준히 하다 보면, 내 안에서도 '칭찬을 먼저 떠올리는 습관'이 자리 잡습니다.

● 칭찬 타깃 정하기

가장 기본이자 강력한 방법은 매일 '칭찬 타깃'을 정해 두는 것입니다. 아침에는 가족, 낮에는 직장 동료, 저녁에는 친구처럼 시간대별로 칭찬할 대상을 미리 정해 놓고, 하루에 적어도 한 번 이상 그 사람에게 진심 어린 칭찬을 건네는 것입니다.

예를 들어 아침에 "오늘 아침밥 너무 맛있었어. 정성 가득한 느낌이야."라고 가족에게 말하거나, 퇴근길에 "오늘 회의에서 당신 발표가 핵심을 찔렀어. 들으면서 감탄했어."라고 동료에게 말하는 것입니다. 이런 일상적 실천은 '칭찬을 의식적으로 하는 사람'에서 '자연스럽게 칭찬이 몸에 밴 사람'으로 변화시키는 중요한 출발점이 됩니다.

● 칭찬 리마인더로 놓치지 않는 시선

바쁜 일상 속에서 칭찬을 떠올리기란 쉽지 않습니다. 그래서 눈에 보이는 곳에 작은 메모를 붙여 두는 겁니다.

"오늘 누구를 칭찬할까?"

거울 옆, 냉장고, 책상 위 등 아무 곳이나 좋습니다. 그 문장 하나가, 지나가는 순간의 감탄을 놓치지 않게 해 줍니다. 예를 들어 아침 출근길에 본 동료의 작은 배려, 가족의 짧은 미소 같은 사소한 장면이 '칭찬할 거리'로 인식됩니다. 결국 리마인더는 단순한 메모가 아니라, 칭찬할 순간을 놓치지 않는 나만의 장치가 되는 것이죠.

● 칭찬 빈도 늘리기

칭찬의 빈도를 의도적으로 늘리는 것도 중요한 전략입니다. 우리는 종종 '성과가 있거나 특별한 일이 있을 때'에만 칭찬을 해야 한다고 생각하지만, 사실은 일상 속의 소소한 행동도 의미 있습니다. 웃으며 인사한 동료, 휴지를 주워 쓰레기통에 넣은 친구, 아이의 질문에 친절히 대답해 준 부모 등 여러 상황에서 주도적으로 칭찬할 수 있습니다. 작은 행동에도 주목하고 표현하는 습관이 중요합니다.

● 칭찬 주제 찾기

다양한 칭찬의 대상을 발굴하는 훈련도 병행되어야 합니다. 성과 중심의 칭찬만이 아니라, 그 사람의 태도, 감정 조절, 문제 해결 방식, 유머 감각, 배려심, 말투, 분위기를 부드럽게 만드는 존재감 등도 칭찬의 주제가 될 수 있습니다. 친구와 대화 도중 "네가 이렇게 차분하게 내 말을 들어 주니까 마음이 정말 놓였어."라고 해 준다면, 상대방의 경청 태도에 대한 칭찬으로 강한 긍정적 인식을 남깁니다.

● 체크리스트 활용하기

이를 생활 습관으로 고착화하기 위해 칭찬 체크리스트를 활용해 보는 것도 좋은 방법입니다.

"오늘 몇 명을 칭찬했는가?"

"칭찬은 구체적이었는가?"

"진심이 담겨 있었는가?"

"상대방의 반응은 어땠는가?"

이와 같은 질문을 매일 자기 점검용으로 사용한다면, 칭찬의 질과 양 모두를 점검할 수 있고, 칭찬에 대한 민감성과 감수성을 키우는 데 큰 도움이 됩니다.

● 칭찬 노트로 기록하는 따뜻한 순간

말로 표현하기 어렵다면, 기록으로 시작해도 좋습니다. 그 사람의 장점이나 오늘의 감탄 포인트, 마음에 남은 말들을 적어 두는 겁니다.

"오늘 회의에서 민지 씨가 차분히 정리해 준 게 참 고마웠다."

"딸아이가 눈 맞추고 웃으며 고맙다고 한 말이 참 따뜻했다."

이렇게 기록된 문장은 시간이 지나도 진심을 잊지 않게 해 줍니다. 다시 꺼내 읽을 때마다 그때의 따뜻한 감정을 되살려 줍니다. 또한 꾸준히 쓰다 보면 사람을 관찰하는 시선이 더 섬세해지고 따뜻해집니다.

● 칭찬 문화 정착시키기

또한 조직이나 가족, 소모임 단위에서 칭찬 문화를 정착시키는 것도 중요합니다. 가령 회사에서는 회의 마지막 3분을 서로 칭찬하는 시간으로 설정하거나, 칭찬 포스트잇 게시판, 칭찬 점심 식사 같은 활동을 통해 긍정적인 에너지를 구조화할 수 있습니다. 가정에서는 냉장고에 '오늘 우리 가족 칭찬 카드'를 붙여 서로를 돌아보고 인정하는 문화를 만들 수 있습니다.

● **맞춤형 칭찬 실천하기**

마지막으로 칭찬은 상대의 성향에 따라 전달 방식을 조정하는 유연함이 필요합니다. 내성적인 사람에게는 조용히 다가가 일대일로 칭찬을 전달하는 것이 좋고, 외향적인 사람에게는 사람들 앞에서 공개적으로 인정해 주는 것이 더 큰 힘이 됩니다. 이처럼 상대의 성향, 관계의 깊이, 상황의 분위기를 고려하여 맞춤형 칭찬을 실천하면, 그 효과는 훨씬 깊고 지속적으로 이어지게 됩니다.

결과적으로 칭찬을 일상화한다는 것은 사람을 존중하는 눈으로 보는 훈련이자, 관계의 가능성을 열어 주는 따뜻한 리더십의 시작입니다. 그것은 말의 힘을 믿는 사람만이 가질 수 있는, 작지만 위대한 실천입니다.

스스로에게 건네는 칭찬

많은 사람들이 타인에게는 따뜻한 말을 잘하지만, 정작 자신에게는 인색합니다. 칭찬은 타인을 위한 말이지만, 스스로의 마음을 따뜻하게 만드는 연습이 먼저일 수 있습니다. 자기 자신에게 칭찬을 건네는 습관은 마음을 단단히 세워 주기 때문입니다. 하루를 마무리하며 이렇게 말해 보세요.

"오늘 하루 수고했어."
"그래도 포기하지 않았잖아."

스스로에게 하는 칭찬은 억지가 아니라, 내가 걸어온 길을 존중하는 태도입니다. 그리고 이러한 자기 인정은 타인을 향한 언어에도 자연스럽게 따뜻함을 심어 줍니다. 말은 반복될수록 태도가 되고, 태도는 결국 관계를 바꾸는 힘이 됩니다.

칭찬은 타고나는 능력이 아닙니다. 서툴러도 반복하고 익히는, 사람을 바라보는 연습입니다. 처음에는 어려워도 괜찮습니다. 우리가 할 일은 '말할 수 있는 용기'와 '놓치지 않는 시선', 그리고 '전하려는 의지'를 하루에 한 번씩 실천하는 것입니다.

"칭찬은 언어가 아니라, 시선의 태도다."

이 문장을 마음에 품고, 하루 한 번, 누군가에게 따뜻한 시선을 보내는 사람이 되어 봅시다. 그 시선이 모이면, 따뜻한 문화의 건강한 공동체가 될 것입니다.

따뜻한 마음 한 줌, 당신께 드리는 작은 칭찬

당신은 이제 누군가의 마음을 밝혀 주는 사람입니다.

이 책의 마지막 장까지 도달한 당신,
그 길 위에서 당신은 스스로를 돌아보고,
타인을 더 깊이 이해하려 했습니다.

그 과정 자체가 이미 커다란 성장이자,
칭찬의 진심을 품은 사람만이 걸을 수 있는
진실된 여정이었습니다.

이제 당신의 말 한마디가 누군가의 인생을 바꾸고,
당신의 시선이 한 사람의 마음을 살릴 수 있습니다.

칭찬의 기술은 당신의 삶을 품위 있게 만들고,
당신은 그 품위를 행동으로 증명한 사람입니다.

존경합니다.
그리고 당신이 참 자랑스럽습니다.

오늘부터 당신이 먼저
칭찬하는 사람이 되어 주세요

우리는 때로 칭찬을 멀게 느낍니다. 말 한마디면 될 것 같지만, 막상 그 한마디가 입 밖으로 나오는 데는 시간이 걸리고, 용기가 필요하며, 때론 오랜 침묵의 벽을 넘어서야 합니다. 누군가를 인정하고, 마음을 표현하는 일은 생각보다 많은 에너지를 요구하는 일이니까요.

하지만 이 책을 읽고 여기까지 함께 걸어온 여러분이라면, 이제 조금은 마음이 달라졌으리라 믿습니다. 칭찬이 단지 기분 좋은 말이 아니라는 걸, 진심이 담긴 말 한마디가 사람의 하루를, 마음을, 그리고 인생을 바꿀 수 있다는 걸, 이제는 아시게 되었을 겁니다.

칭찬은 특별한 기술이 아닙니다. 누구나 할 수 있지만, 아무나 하지 않기에 더욱 특별한 힘을 지닌 언어입니다. 이제 그 힘을 여러분의 말 속에 담아 보세요.

오늘부터 하루에 한 번, 작은 칭찬을 실천해 보는 겁니다. 아이의 눈을 바라보며 "오늘도 잘했어." 한마디를 전해 보세요. 수고한 동료에게 "당신 덕분에 일이 잘 풀렸어요." 하고 말해 보세요. 마음을 써 준 친구에게 "너의 그 따뜻함이 정말 고마워."라고 전해 보세요. 그리고 거울 속의 자신에게도 잊지 말고 말해 주세요.

"수고했어. 오늘 참 잘 견뎠어."

당신의 그 한마디가 누군가에게는 다시 일어설 힘이 되고, 누군가에게는 자기 자신을 더 사랑할 용기가 되며, 누군가에게는 "나는 괜찮은 사람이다."라는 자존감을 일깨우게 해 주는 시작이 될 것입니다.

그리고 우리는 알게 될 것입니다. 작은 칭찬 하나가 가정 안의 분위기를 바꾸고, 동료들 간의 신뢰를 키우고, 조직 문화를 건강하게 바꾸며, 결국은 사회 전체를 더 따뜻하고 존중이 흐르는 곳으로 바꿔 낸다는 사실을요.

이제 우리가 바뀔 차례입니다. 기다리지 않고, 먼저 칭찬하는 사람. 비교하지 않고, 있는 그대로 인정하는 사람. 과정을 응원하고, 진심을 담아 표현할 줄 아는 사람. 말을 아끼기보다, 마음을 나누는 사람. 그런 사람이 되어 보는 겁니다.

당신의 말 한마디가 누군가의 방향을 바꿀 수 있습니다. 당신의 인정 한 줄이, 누군가의 꿈을 다시 일으킬 수 있습니다. 그 가능성을 믿고, 오늘도 누군가의 눈을 바라봐 주세요. 그 안에 담긴 빛을

칭찬의 온도

용기 내어 말해 주세요. 그 말이 곧 세상을 바꾸는 시작입니다. 이 책의 마지막 장을 덮으며, 저는 조용히 응원합니다.

지금 이 책을 읽고 있는 당신이 누군가에게 가장 따뜻한 말을 건네는 사람이 되기를 바랍니다. 그리고 그 칭찬이 당신 삶에 더 깊은 기쁨과 사랑으로 되돌아오기를 역시 바랍니다. 칭찬은 결국 우리가 서로를 더 잘 보게 해 주는 마음의 언어입니다. 이제 당신의 언어로, 세상을 조금 더 따뜻하게 물들여 주세요.

칭찬하는 당신이 있어서, 참 고맙습니다.

부록

칭찬과 감사 노트

칭찬과 감사 노트 작성법

매일 실천하는 '칭찬 루틴'

- 아침에 1명에게 칭찬 메시지 전송하기
- 하루에 한 번 '감탄사'로 반응하기
- 성과보다 노력이나 태도에 먼저 반응하기

나만의 칭찬 습관 점검하기

- 오늘 누구를 칭찬했나요?
- 어떤 말이 가장 효과적이었나요?
- 상대의 어떤 반응이 기억에 남았나요

작성 요령

- 일자: 그날의 날짜를 적어 줍니다.
- 대상: 부모, 자녀, 남편, 아내, 며느리 등
- 칭찬 방식: 문자, 전화, 만나서, 특정 장소에서

- 칭찬한 내용: 오늘 당신 웃는 모습 너무 멋졌어요, 덕분에 오늘 행복했어요 등
- 상대의 반응: 이모티콘 또는 문장으로 감사 인사 등
- 내가 느낀 점: 관계를 따뜻하게 만들었다, 자신감을 키워 주었다, 위로가 될 수 있겠다고 느꼈다 등

칭찬 노트를 규칙적으로 쓰면, 칭찬의 내공이 쌓이며, 관계가 자연스럽게 좋아지고, 서로의 장점을 더 자주 발견하게 됩니다. 그리고 감사하는 마음이 습관처럼 자리 잡게 됩니다. 특히 작성할 때에는 구체적으로 작성하는 것이 좋습니다. 그렇다면 어떻게 적는 게 좋을지 구체적인 예시를 살펴보겠습니다.

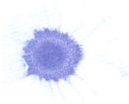

칭찬과 감사 노트 예시

〈오늘의 칭찬 & 감사 노트〉

날짜 :　년　월　일

❋ 나에게 칭찬

- 오늘 내가 잘한 일

  예: 책 읽기 10분, 아침에 조깅 1시간, 부모님에게 용돈 10만 원

- 오늘 나 자신에게 해 주고 싶은 칭찬 한마디

  예: "짧은 시간이었지만 꾸준히 책을 읽은 나 자신이 정말 대단해. 작은 실천이 모여 큰 변화를 만들 거야."

❋ 다른 사람에게 칭찬

- 대상: 부모, 자녀, 남편, 아내, 며느리, 친구, 동료 등
- 칭찬 방식: 문자, 전화, 만나서, 특정 장소에서
- 칭찬 내용: "오늘 당신 웃는 모습이 너무 멋졌어요. 덕분에 제 하루가 행복했어요."

- 상대의 반응: 하트 이모티콘, "고마워요"라는 말, 환한 미소
- 내가 느낀 점: 관계가 따뜻해졌다, 자신감을 키워 줄 수 있었다, 위로가 되었을 것 같아 보람을 느꼈다

❋ 오늘의 감사

- 오늘 감사한 일

  예:

  1. 아침에 가족이 함께 식탁에 모여 따뜻하게 식사할 수 있었던 것

  2. 직장에서 동료가 바쁜 업무를 기꺼이 도와준 것

  3. 아침에 따뜻한 햇살을 받으며 산책할 수 있었던 것

- 오늘의 감사 메시지

  "작은 친절 하나가 제 마음을 따뜻하게 해 주었습니다."

오늘의 칭찬 한 줄 요약 예시

❀ 부모님께 드리는 칭찬

1. 엄마(아빠)의 미소만 봐도 마음이 편안해져요.

2. 언제나 묵묵히 지켜봐 주셔서 감사해요.

3. 요리 정말 맛있어요. 엄마 손맛 최고예요!

4. 아빠가 계셔서 제가 든든해요.

5. 집안 분위기를 밝게 만들어 주셔서 감사해요.

6. 힘드셨을 텐데 늘 웃어 주셔서 감동이에요.

7. 그때 해 주신 말, 아직도 큰 힘이 돼요.

8. 삶의 지혜를 배울 수 있어 정말 감사해요.

9. 저를 믿어 주셔서 고마워요.

10. 늘 저를 먼저 생각해 주셔서 존경해요.

11. 고운 손으로 만들어 준 반찬 덕분에 힘이 나요.

12. 아버지의 책임감, 정말 본받고 싶어요.

13. 엄마의 눈빛엔 늘 사랑이 가득해요.

14. 부모님 덕분에 내가 참 행복한 사람이에요.

15. 힘들 때마다 부모님이 떠올라 힘이 나요.

16. 엄마(아빠)의 존재가 제 삶의 버팀목이에요.

17. 늘 건강 챙기시는 모습이 멋져요!

18. 포근하게 안아 줘서 어린아이가 된 기분이에요.

19. 아무 말 안 해도 마음을 읽어 줘서 놀라워요.

20. 세상에서 제일 감사한 분들이에요.

❋ 남편 또는 아내에게

1. 오늘 당신 웃는 모습 너무 멋졌어요.

2. 나를 항상 존중해 줘서 고마워요.

3. 당신 덕분에 하루가 따뜻해져요.

4. 내가 가장 믿는 사람은 바로 당신이에요.

5. 힘들어도 꿋꿋한 모습, 정말 대단해요.

6. 섬세하게 챙겨 줘서 감동받았어요.

7. 함께 있는 것만으로도 든든해요.

8. 대화할 때 진심으로 들어줘서 고마워요.

9. 당신의 센스 덕분에 웃을 일이 많아요.

10. 어떤 상황에서도 흔들림 없는 모습이 존경스러워요.

11. 사랑을 표현해줘서 늘 행복해요.

12. 당신의 조언은 언제나 현실적이면서 따뜻해요.

13. 가족을 위해 애써 줘서 감사해요.

14. 당신의 유머 감각이 날 웃게 해 줘요.

15. 내가 약할 때 지지해 줘서 고마워요.

16. 내가 말하지 않아도 이해해 주는 당신이 고마워요.

17. 일상의 소소한 순간들을 함께 나눠 줘서 행복해요.

18. 당신의 부드러운 말투가 마음을 편하게 해 줘요.

19. 내가 사랑받고 있다는 걸 늘 느껴요.

20. 당신이 내 인생의 가장 큰 행운이에요.

❋ 자녀에게

1. 오늘도 스스로 해낸 모습, 정말 자랑스러워요!

2. 네 생각을 말해줘서 엄마(아빠)는 감동이었어.

3. 잘 웃는 네 모습 덕분에 집이 환해졌어.

4. 친구에게 친절하게 대해 줘서 고마워.

5. 어제보다 더 성장했구나, 대견해!

6. 너는 정말 따뜻한 마음을 가졌구나.

7. 노력하는 너의 모습이 최고야.

8. 책 읽는 모습, 멋졌어. 집중력이 대단해!

9. 실수했지만 다시 도전한 너, 정말 용기 있었어.

10. 가족을 생각해 주는 네 말이 고마웠어.

11. 숙제 먼저 하려는 의지가 멋졌어!

12. 네가 만든 작품, 정말 창의적이었어!

13. 친구 말 들어 주는 모습이 따뜻했어.

14. 엄마(아빠)를 도와줘서 기뻤어. 고마워.

청찬의 온도

15. "고맙습니다."라고 인사하는 모습이 예뻐.

16. 화가 나도 참으려는 모습, 정말 멋졌어.

17. 네 생각을 솔직히 말해 줘서 기뻤어.

18. 아침에 일찍 일어나려는 모습, 노력했구나!

19. 엄마(아빠)는 네가 매일 자라는 게 신기하고 감사해.

20. 너는 이미 멋진 사람이야. 계속 그렇게 자라 줘.

❊ 며느리에게

1. 항상 살뜰하게 챙겨 줘서 고마워. 마음 씀씀이가 참 따뜻하네.

2. 이렇게 좋은 며느리와 함께여서 든든해.

3. 요리를 참 맛있게 하네. 손맛도 좋고 정성도 가득 느껴졌어.

4. 아이를 사랑으로 잘 키우는 모습이 정말 보기 좋아.

5. 가족을 위해 늘 애써 주는 모습, 고마워.

6. 며느리지만, 딸처럼 편하고 따뜻하게 느껴져. 함께 있어 행복해.

7. 일도 가정도 균형 있게 잘 해내는 모습이 참 멋있어.

8. 언제나 밝은 미소로 대해 줘서, 집안 분위기가 더 좋아졌어.

9. 작은 것도 세심하게 챙겨 주는 그 마음이 참 예쁘다.

10. 처음보다 더 예뻐지고, 마음도 더 깊어진 것 같아. 시간이 갈수록
    좋아져.

11. 자신만의 생각을 갖고 책임감 있게 행동하는 모습이 참 멋져.

12. 늘 예의 바르고 배려심 깊은 말투가 인상적이야. 듣는 사람을 편하

게 해.

13. 우리 집안에 와 줘서 고마워. 네가 있어서 더 든든하고 풍성해졌어.

14. 요즘처럼 바쁜 와중에도 가족을 챙기는 모습, 정말 대단하고 감사해.

15. 자기계발도 놓지 않는 모습, 멋져. 늘 응원할게.

16. 아이들 교육에 진심인 모습 보면서, 네 덕에 아이들도 잘 클 것 같아.

17. 말 한마디에도 사랑이 묻어나는 것이 보여. 사람을 따뜻하게 만드는 재주가 있구나.

18. 네 덕분에 명절도, 일상도 더 부드럽고 화목해졌어.

19. 마음이 참 곱고 깊은 사람이라는 걸 매번 느껴. 자랑스러운 며느리예요.

20. 네가 우리 가족이어서 정말 감사하고, 앞으로도 함께해서 기뻐.

참고 자료

- 유리향, 『교사를 위한 아들러 심리학』, 학지사, 2018

- 기시미 이치로, 고가 후미타케, 『미움받을 용기2』, 인플루엔셜, 2022

- 정윤경, 김윤정, 『진짜 칭찬』, 소울하우스, 2021

- 나이토 요시히토, 『칭찬 심리학』, 지식여행, 2011

- 캔 블랜차드, 스펜스 존슨, 『1분 경영』, 21세기북스, 2016

- 켄 블랜차드 외, 『칭찬은 고래도 춤추게 한다』, 21세기북스, 2018

- 데일 카네기, 『칭찬의 기술』, 파노라마, 2010

- 데일 카네기, 『칭찬의 힘』, 상상나무, 2019

- 이병호, 『칭찬의 기술』, 오늘의문학사, 2017

- 스즈키 요시유키, 『칭찬의 기술』, 거름, 2003

- 글로리아 베크, 『칭찬의 기술』, 아주좋은날, 2012

- 이남훈, 『말만 들어도 힘이 나네요』, 홍재, 2018

- 다니엘 골먼, 피터 드러커 외, 『조직의 성과를 이끌어내는 리더십』, 매
  일경제신문사, 2015

- 더글러스 스톤, 쉴라 힌, 『하버드 피드백의 기술』, 21세기북스, 2014

– 하라 구니오, 『듣고 싶은 말을 했더니 잘 풀리기 시작했다』, 유영, 2020

– 전기현(글), 장연화(그림), 『자존감을 높이는 칭찬일기』, 파란정원, 2019

– 우스이 유키, 『칭찬이 인생을 바꾼다』, 인더북스, 2010

– 로버트 로젠탈, 레노어 제이콥슨, 『피그말리온 효과 −기대와 칭찬의 힘』, 이끌리오, 2003

– 캐롤 드웩, 『성공의 새로운 심리학』, 부글북스, 2011

– B.F 스키너, 『스키너의 행동심리학』, 교양인, 2017